Jost Tentacs, 88

Über dieses Buch Nisametdin Achmetow wurde 1967 mit achtzehn Jahren verhaftet und anschließend zu zwei Jahren Gefängnis verurteilt, nachdem er sich aus jugendlichem Idealismus einer national ausgerichteten Bewegung (u. a. zur Unterstützung der Krimtataren) angeschlossen hatte. Ihm standen zwanzig Jahre in sowjetischen Gefängnissen, Lagern und psychiatrischen Haftanstalten bevor. Schon während seiner ersten Haftstrafe protestierte er immer wieder in Texten, die er unter seinen Mithäftlingen verteilte, gegen die Haftbedingungen und die Methoden der sowjetischen Justiz. Er wurde dafür mit sieben Jahren Lager und fünf Jahren Verbannung bestraft. 1982 wurde er schließlich in psychiatrische Haft überstellt.

Um sich ein inneres Überleben zu ermöglichen und sich vor der menschlichen Verrohung im Lager zu bewahren, wandte sich Achmetow der Literatur zu. Wie Eduard Kusnezow, der in München lebende Schriftsteller und ehemalige Mitgefangene, über ihn schrieb: »Man sieht ihn in seiner Lyrik tastend, suchend, entdeckend, den ursprünglichen Sinn des Lebens zu ergründen... er flüchtete nach oben.«

In dem vorliegenden Band ist eine Auswahl der Gedichte zusammengestellt, die in den Jahren 1975 bis 1983 entstanden. Achmetow hatte sie 1982, bevor er in die psychiatrische Sonderanstalt in Talgar verlegt wurde, auf die Rückseite seines Urteils von 1969 geschrieben: vierzig Gedichte in winziger, feiner Schrift, auf die Größe einer Streichholzschachtel zusammengefaltet. Sie gelangten in den Westen. Den Gedichten ist ein Erinnerungstext Achmetows – »Die Straße der Freiheit« – vorangestellt, in dem er versucht, behutsam und eher assoziativ sein Schicksal zu ergründen. Im Mittelpunkt steht die Lagererfahrung, deren Schilderung nicht nur persönliche Bedeutung hat, sondern zugleich die Menschenrechtsverletzungen in der UdSSR thematisiert. In einem Anhang finden sich vier Briefe, die Achmetow als Hilferufe aus der Gefangenschaft schrieb, sowie eine Würdigung Eduard Kusnezows und ein Nachwort des Internationalen Sekretärs des PEN, Alexandre Blokh.

Der Autor Nisametdin Schamsutdinowitsch Achmetow, 1949 in Kunaschak in eine Familie der baschkirischen Minderheit hineingeboren, wurde mit achtzehn verhaftet und verbrachte zwanzig Jahre in sowjetischen Haftanstalten und Lagern. Ende Juni 1987 wurde Achmetow nach jahrelangen Interventionen von Menschenrechtsorganisationen, des Internationalen PEN und westlicher Regierungen aus der Gefangenschaft entlassen. Er konnte noch im selben Monat in den Westen ausreisen. Heute lebt er als freier Schriftsteller in der Nähe von Frankfurt und Hamburg. Er wurde 1985 mit dem »Rotterdam International Poetry Award« ausgezeichnet.

Nisametdin Achmetow
Die Straße der Freiheit
Lyrik und Prosa

Aus dem Russischen von
Rolf-Dietrich Keil

Fischer
Taschenbuch
Verlag

»Achmetow« von Eduard Kusnezow und die vier Briefe,
die Achmetow in der Gefangenschaft schrieb,
wurden von Gabriele Taugner aus dem Russischen übersetzt.

Das Nachwort des Internationalen Sekretärs des PEN,
Alexandre Blokh, übertrug Eva Groepler aus dem Französischen.

Originalausgabe
Veröffentlicht im Fischer Taschenbuch Verlag GmbH,
Frankfurt am Main, September 1988

Umschlaggestaltung: Manfred Walch, Frankfurt am Main
unter Verwendung eines Fotos von Pieter Vandermeer
Satz: Fotosatz Otto Gutfreund, Darmstadt
Druck und Bindung: Clausen & Bosse, Leck
ISBN 3-596-29277-8

Inhalt

Die Straße der Freiheit

Die Straße der Freiheit
Ein Erinnerungstext

Freigelassen hat man mich am 4. Juni 1987. Auf diesen Tag habe ich 19 Jahre, 8 Monate und 22 Tage gewartet. Als die erste Gefängnistür sich hinter mir schloß, war ich 18 Jahre und 5 Monate alt. Und nun ist die letzte Gefängnistür zugeschlagen, aber diesmal bin ich draußen, und ich bin 38 Jahre und 2 Monate alt. Der langerwartete Tag, der allzu, allzulang erwartete. Ein solcher Tag ist nur vergleichbar mit dem Tag, an dem man auf die Welt kommt, aber ein Kind erinnert sich nicht an seinen ersten Tag, an den Tag meiner Befreiung dagegen erinnere ich mich sehr gut. Und was habe ich empfunden an diesem Tag, wie habe ich meiner Freude, meinem Glück Ausdruck verliehen? Da gab es weder eine Euphorie der Freude noch einen Glücksrausch, sondern nur das Gefühl unendlicher Müdigkeit, das Gefühl, daß alles unwiderruflich zu spät und deshalb eigentlich nicht mehr nötig ist.

So steht ein Fahrgast auf dem Bahnsteig, der seinen Zug verpaßt hat, den einzig brauchbaren, einzig wichtigen Zug. Er steht da und schaut geistesabwesend zu, wie neue Züge vor ihm halten, ihm einladend ihre Türe auftun, bereit, ihn an beliebige Ziele zu bringen. Schöne, schnelle, bequeme Züge. Aber der Zuspätgekommene kann keinen von ihnen brauchen, er wird nirgendwo mehr rechtzeitig eintreffen, und er will auch nirgendwo mehr hin. Sein Zug ist abgefahren, und einen zweiten derartigen Zug gibt es einfach nicht im Leben.

So erging es auch mir an jenem Tag. Da trottete hinter seiner etwas dicklichen Schwester, die vor Glück strahlte und dann und wann vor Freude Luftsprünge machte, ein magerer, mürrischer, gebeugter Mann, ging und schaute auf seine Füße, und wenn er den Kopf einmal hob, sah man, daß seine Brille zur einen Seite hin verrutscht war, und sein Mund – zur anderen. Ihn holte ein großer, schnauzbärtiger Mann ein, der vom schnellen Laufen schnaufte, den Schweiß von seinen Schnurrbartenden leckte und hastig anfing zu reden: »Guten Tag, guten Tag, Nisametdin Schamsutdinowitsch! Meinen Glückwunsch! Ich bin so froh! ...« Er hielt beständig seine rechte Hand hin, bekam schließlich meine Hand zu fassen, drückte und schüttelte sie, und ich sah ihn mit leeren Augen an und begann, nur langsam, meinen grausamsten Arzt zu erkennen. Aber ich empfand weder Wut noch Gereiztheit, nicht einmal Ekel, es war mir nur lästig, in der glühenden Sonne zu stehen, und seine Hand war verschwitzt und behaart. Ich verlor die Geduld, drückte diese Hand ein wenig und hatte es eilig, meine Hand wieder freizubekommen. Meine Schwester führte mich über die Straße, wobei sie mich am Ellbogen hielt, zu einer Bushaltestelle. Der erhitzte, beinahe flüssige Asphalt ähnelte der Lava eines Vulkans, er verbreitete einen Übelkeit erregenden Geruch. »Wir müssen diese Straße entlangfahren, dort wohne ich« – sagte meine Schwester. Es herrschte eine wahnsinnige Hitze, meine Haut, durch die Behandlung mit Aminasin und Tisircin vergiftet, hatte die Fähigkeit verloren, Schweiß durchzulassen, und ich verbrannte bei lebendigem Leibe. Schwarzen Rauch ausstoßend und vor Hitze glühend kam der Bus. Meine Schwester und ich stiegen ein wie in einen fahrenden Backofen. Sie schubste mich zum Fenster, ließ sich selbst neben mich plumpsen, der Bus fuhr ruckartig an, ich schlug mit dem Kinn auf die Kante des offenen Fensters, riß den Kopf hoch, und meine Augen blieben an einem Schildchen an einer Hauswand hängen: »Straße der Freiheit« stand dort.

Seit einigen Monaten schon lebe ich im Westen. Wie es dazu kam, ist ein Rätsel, das zwar schon gelöst ist, dadurch aber nicht verständlicher wurde. In den letzten Jahren war ich gänzlich in der Hand des Schicksals, dank einem unglaublichen Zusammentreffen von Umständen und Zufälligkeiten hatte eine mir damals unbekannte, mächtige Strömung mich erfaßt, und wahrscheinlich hing schon gar nichts mehr von mir ab. Und so bin ich nun mit einer Realität konfrontiert, die man erst mit der Zeit richtig begreifen kann, die Frage aber, ob ich sie akzeptiere, ist für immer sinnlos geworden. Jemand, der aus einer Zeitmaschine ausgestiegen ist, würde sich bei weitem wohler fühlen als ich heute. Ich habe ja all die 20 Jahre nicht in einem Zustand der Erstarrung verbracht, ich habe all die Jahre gelebt, mich, unter anderem, auch mit Relativitätstheorie beschäftigt, und wenn auch eine Verlangsamung der Zeit, bisweilen bis ins Unendliche, stattfand, so war dies doch kein invariantes System, dort wurde schlicht und einfach gelitten und gestorben, ohne relativistische Effekte. Was aber das wichtigste ist, in diesen Jahren bin ich endgültig – bis zur Erstarrung – geprägt worden, außer einer Weltanschauung hat sich bei mir auch noch meine eigene Vorstellung von dem irgendwo nebenan ablaufenden Leben herausgebildet. Vielleicht ist das ja gerade das Unglück, daß ich parallel zum wirklichen Leben »gelebt« habe, es war ganz nahe – jenseits des Zauns, jenseits des Gitters, jenseits der Mauer, und so entstanden offenbar Illusionen. Als ich mich dann plötzlich in der Freiheit wiederfand, im Strudel des Lebens, wurde ich von ihm grausam zu Fall gebracht, alle meine Grundüberzeugungen waren im Nu zertrümmert: dieses Leben brauchte mich einfach nicht, ich war da überflüssig, mir war zumute, als sei ich zu Besuch gekommen und werde aufgespießt von den verständnislosen Blicken wildfremder Leute. Und dazu hatte mein launenhaftes Schicksal es auch noch so eingerichtet, daß ich fast direkt aus dem Zuchthaus in ein westliches Land geriet. Das war eine Explosion von Problemen, eine

Springflut von Eindrücken, ein Hurrican der Verwirrung... alles in allem – eine schwere Persönlichkeitskrise.

Die letzten acht Jahre hatte man sich *hier* sehr aktiv um meine Rettung bemüht und mich *dort* – nach dem zweiten Newtonschen Gesetz – mit der gleichen Energie und Hartnäckigkeit auf den entlegensten Inseln des Archipels GULAG und in den furchtbaren, ausweglosen Labyrinthen Psychiatrischer Spezialkliniken versteckt. Beide Seiten veranstalteten ein regelrechtes Tauziehen. Die eine Seite nannte ihr Tauende »Freiheit«, die andere – »Heimat«. Das Tau ist gerissen. Die Konkurrenten werden ein neues Tau finden, ich aber erhielt die Freiheit, doch – habe ich nicht die Heimat verloren? Und wenn nun als Preis für die Heimat die Freiheit gefordert würde?

»Geld oder Leben?« – pflegten früher die Straßenräuber zu fragen. »Heimat oder Freiheit?« – fragen heute deine Feinde ebenso wie deine Freunde.

Meine Freunde in Rußland, zum Beispiel, meinen: »Du warst auch hier frei, innerlich warst du immer frei, aber dafür war hier deine Heimat.«

Mit den Worten »Freiheit« und »Heimat« ist bei uns alles durcheinandergeraten. Einesteils benutzt ein Russe das Wort »Heimat« selten, wenn er es aber einmal ausspricht, so würzt er es unbedingt mit einer guten Portion Ironie. (Weshalb im Lager Salz und Pfeffer auch so geschätzt sind: wenn man tüchtig Salz und Pfeffer dran getan hat, läßt sich auch der widerlichste Schlangenfraß runterbringen.) Allerdings bekommt ein Sowjetmensch diese beiden Wörter recht oft zu lesen und zu hören, sie werden nicht seltener verwendet als das Wort »Partei«, und daher sind sie so wertlos geworden wie der »Fetzen« (d. h. Ein-Rubel-Schein) in der Faust eines Trinkers: erst fürs Dreifache gibt es was. Und gleichzeitig ist da dies erstaunliche Bedürfnis des russischen Intellektuellen, über die Freiheit zu schwätzen, und in den Zuchthäusern ist das geradezu ein Alptraum, da streiten alle über die Freiheit was das Zeug hält, man findet fast niemand, mit dem man vernünftig reden kann.

Als ein Tschekist meine Mutter fragte, ob sie einverstanden sei, ihren Sohn ins Ausland zu lassen, antwortete sie: »Ich habe doch nicht deshalb zwanzig Jahre auf ihn gewartet.« Alle Freunde, alle Verwandten waren gegen meine Entscheidung, aber ich lachte und sagte, in ein paar Monaten käme ich ja ohnehin zurück. Ich war unbesorgt, es kam mir so vor, als ob ich zu meiner Großmutter zu Besuch fahren würde. Aber es vergingen ein, zwei, drei Monate – und es stellte sich heraus, daß die Heimkehr ein Akt war, zu dem man sich erst durchringen mußte.

Aber der Mensch muß doch irgendwohin zurückkehren können, er muß doch das Recht dazu haben! Sogar ein aufgescheuchter Hase kehrt doch zurück in seine alte Sasse, kehrt dorthin zurück, wo man schon einmal auf ihn geschossen hat. Ein guter Jäger verfolgt den Hasen nicht, er wartet geduldig auf ihn, und beim zweiten Mal wird er nicht danebenschießen. Ja, Rußland ist ein Land geduldiger Jäger, aber ich habe es satt, Hase zu sein, ich bin ein Mensch, hört auf, Jagd auf mich zu machen! Ich kann meine Heimat nicht in mir tragen, dazu ist sie zu groß. Die Heimat gegen die Freiheit einzutauschen – ist die ungerechteste Torheit; das eine im Namen des andern zu opfern ist absurd, grausam, unmenschlich. Auch wenn mich mit meiner Heimat lange Jahre hindurch nur vielfaches Unglück verband, so bedeutet das nur, daß diese Bindung eine wirkliche ist und keine erdachte. Warum quäle ich mich immer noch herum mit idiotischen Gedanken über »Heimat« und »Freiheit«? Früher hat die Heimat selbst sich vor mir abgeschirmt durch Todesstreifen, hat mich verurteilt, nur in Sperrzonen zu leben, und heute bin ich es, der sich abgeschirmt hat vor ihr durch die Staatsgrenze. Nein, ich habe keine Wiedergutmachung für früheres Unglück erwartet, aber die Absurdität des Lebens ist grenzenlos: weder dort noch hier ist ein Platz für mich, sowohl dort als auch hier bin ich für alle ein Fremder und ist mir alles fremd. Und dennoch habe ich dort nicht nur meine schlimmsten Jahre erlebt, sondern auch meine besten Tage. Ich fürchte, daß solche glücklichen Tage für mich nie mehr wiederkommen werden.

Am 13. September 1967 wurde ich verhaftet, aber nicht von da an zählen meine schlimmsten Jahre: ich würde auch nicht sagen, daß mein Leben nun schlechter geworden wäre, es fing einfach ein völlig anderes Leben an, das war das Entscheidende. Und es stellte sich heraus, daß ich auf ein solches Leben nicht vorbereitet war. Wie jeder junge Mensch glaubte ich an meine Außergewöhnlichkeit, aber dies neue Leben bewies mir vom ersten Tage an, wie wertlos und schwach ich war. Nichtsdestoweniger habe ich überlebt, wenn ich auch natürlich diesen 20jährigen Krieg nicht gewonnen habe. Ich habe in diesem Krieg jeden Tag Niederlagen erlitten, habe jeden Tag eigene Stellungen aufgegeben, und manchmal schien es schon so, als sei der Widerstand sinnlos, weil es nichts mehr zu verteidigen gab, alles schon verloren und verraten war, aber immer fand sich wieder etwas, irgendeine Lappalie natürlich, für die du dich wieder schlugst. Und solange es etwas zu verteidigen gab, lohnte es zu leben und den Feind zu zwingen, mit dir zu rechnen.

Noch hat sich kein Abstand entwickelt zwischen meinem Heute und jenen schrecklichen Jahren, noch bin ich zu befangen in der Bewertung der Vergangenheit, in meinem Erinnern an Menschen und Ereignisse. Einer Vergangenheit, die nicht vergeben ist. Somit werde ich in meinen Erinnerungen nicht objektiv sein, wohl aber subjektiv ehrlich. Zur Illustration meines damaligen Lebens werde ich einfach ein paar Vorfälle daraus erzählen. Ein abscheuliches, durch seine sinnlose Grausamkeit benommen machendes Leben, aber sogar für ein solches Leben mußte verzweifelt und täglich gekämpft werden, weil die Möglichkeiten seiner Verschlimmerung unbegrenzt sind, unerträglich schwere Bedingungen von heute können morgen durch noch schlimmere ersetzt werden.

In Gromadsk, einem Sonderlager in Sibirien, war mein »Erzieher« ein junger Mensch von kleiner Statur namens Abischew. Er trug einen gewaltigen Backenbart, hatte struppige Augenbrauen, und dadurch erinnerte sein kleines Gesicht an die Schnauze eines Terriers. Er bemühte sich, »wie ein Adler« zu schauen, wobei er sich in die Brust warf und auf die Fußspitzen stellte. Er galt als sehr klug: er hatte an der juristischen Fakultät studiert und gleichzeitig an der Akademie des MWD[1] (in unserem aufgeklärten Land gibt es auch eine solche »Akademie«). Allgemein gab er sich als Kenner der Philosophie und des Marxismus aus. (Sie wollen alle gern klug und gebildet sein: ein Hauptmann der MWD-Truppen, Losew, aus einem mordwinischen Lager, ein absoluter Holzkopf und Ignorant, hatte die Angewohnheit, sich als »Arzt und Historiker« vorzustellen; ein Oberleutnant des KGB, Tjurin, nannte sich Kandidat der mathematischen Wissenschaften, aber als er erfuhr, daß ich mich da ein bißchen auskannte, erklärte er sich, ohne mit der Wimper zu zucken, sogleich als Spezialist für Verstheorie und bot mir seine Hilfe in Fragen des Reims an. Keiner von ihnen will einfach Gefängniswärter sein, alle berufen sich auf die »Pflicht«, alle sind sie im Auftrag der Partei oder des Komsomol im MWD und KGB, sie sind intelligente Menschen, Wächter sind sie nur aufgrund einer unangenehmen Notwendigkeit, die ihnen selbst lästig ist.) Und auch dieser Abischew tat sich ungewöhnlich wichtig, aber die Gefangenen verachteten ihn und nannten ihn unter sich Muska[2]. »Muska, zeig deinen

Arsch!« – riefen die Kriminellen laut durch das Gitter, wenn sie ihn draußen bemerkten.

Aber dieser Muska konnte grausam abrechnen, er verstand zu foltern und sich dabei Genuß zu verschaffen. Meine Beziehung zu ihm war von Anfang an schlecht: schon bei unserer ersten Begegnung erkannte ich in ihm eine komplexbeladene Null, und er war mir widerlich. Leider vermochte ich damals meine Gefühle noch nicht zu verbergen und schuf mir in Muska meinen erbittertsten Feind. Bald fand sich denn auch ein formaler Vorwand für die Konfrontation: ich weigerte mich hartnäckig, ihn »*Bürger* Vorgesetzter« oder »*Bürger* Leutnant« zu nennen, wie es die Vorschriften der Lagerordnung verlangen. Was ich damit erreichen wollte, weiß ich selber nicht, aber es ging hart auf hart! Ich machte Muska klar, daß die Bezeichnung *Bürger* für ihn zu hoch sei, er verdiene sie nicht, das zum einen; zum anderen könne ich mich nicht so weit erniedrigen, ein solches Ekel »Vorgesetzter« zu nennen, und, schließlich, sein Dienstgrad sei kein militärischer, sondern ein spezieller Schergen-Dienstgrad. Mein Gott, wozu hatte ich das nötig! In den Jahren der Sowjetmacht waren viele Wörter verschnitten worden oder hatten ihren Sinn ins Gegenteil verkehrt, daran war weder Muska schuld noch ich. Hier war die Ursache meine Starrköpfigkeit, für die ich schon als Kind bekannt war.

Und nun ging es erst richtig los! Ich war starrköpfig, aber Muska erwies sich als Esel in jeder Beziehung. Es fing ein schauerliches Leben an, das fast fünf Jahre dauerte. Unser Zweikampf nahm bisweilen sogar komische Formen an, aber meistens war es nicht zum Lachen.

Einmal – ich weiß nicht mehr, aus welchem Anlaß – holte man mich unsanft aus der Strafzelle, versetzte mir ein paar Fußtritte, legte mir Handschellen an und setzte mich in eine Einzelzelle, die in der Hausecke lag. Anfang Dezember in Nordsibirien, das Fenster eingeschlagen, auf dem Fußboden unter dem Fenster ein Häufchen Schnee, der nicht mehr taute, die beiden Außenwände von einer durchgehenden Eisschicht bedeckt, vom Fenster streckt sich eine nach unten breiter werdende Eiszunge abwärts. Ich bin barfuß, habe ein offenes »amtliches« Jäckchen an und darunter nur ein Turnhemd, der einzige Knopf an meiner Hose hängt nur noch an einem Faden, und die Hose rutscht, mein magerer Hintern kann sie nicht halten. Ich kann weder die Jacke zuknöpfen, noch die Hose hochziehen – meine Hände sind hinter dem Rücken in Handschellen. Die Hände schwellen schnell an, und dadurch schneiden die Handschellen noch stärker, noch schmerzhafter ein. Aber anfangs spüre ich weder den Schmerz noch die Kälte: ich bin noch aufgeheizt nach den Schlägen, mein Herz klopft noch aufgeregt und mir ist heiß und froh zumute. Am Türgitter steht nämlich Muska und zischelt mir wollüstig zu: »Na, *Bürger* Verurteilter, wollen wir noch weiter gegen die Ordnung verstoßen?« Er möchte so gerne, daß ich mit ihm spreche, daß ich ihn bitte, mir die Handschellen abzunehmen, ich brauchte nur zu sagen: »*Bürger* Vorgesetzter, bitte ...« – usw. Aber ich trage den Kopf hoch, die Augen noch höher als die Brille, ich habe meinen krummen Rücken gerade gemacht, die Brust – so schmal und kläglich sie ist – vorgestreckt und gehe hin und her: vom Fenster zur Tür, von der Tür zum Fenster. Ich will ihn nicht sehen, ich will ihn nicht hören, aber ich sehe ihn deutlich, bis zu seinem dreckigen Kragen und den abgeknabberten Fingernägeln, und ich höre sogar, wie ein Speichelfaden zwischen seinen Lippen abreißt. Mir ist jetzt tatsächlich schon kalt und es tut weh, rasende Wut ergreift mich, und um nicht einen Anlauf zu nehmen und mit dem Kopf gegen das Gitter zu knallen (was er so gerne möchte), fange ich an, das alte Fuhrmannslied zu singen:

Steppe weit und breit,
Langer Weg bevor.
In der Einsamkeit
Fuhrmann schon erfror.

Ich liebe dieses Lied, ich lasse mich richtig hinreißen und singe laut, selbstvergessen. Von der Tür zum Fenster, vom Fenster zur Tür, meine Schritte holen weit aus, die offene Jacke flattert hinter dem Rücken, der Hosenknopf springt im Nu davon und mit zwei Bewegungen der Beine befreie ich mich von der Hose, und sie fliegt Muska ins Gesicht und bleibt am Gitter hängen... In der »amtlichen« Turnhose, die im Schritt zerschlissen ist, bin ich wahrscheinlich lächerlich, aber ich singe, singe verwegen, beinahe fröhlich. Und er geht nicht fort, er fletscht immer noch die Zähne und zischelt, und jetzt wäre er schon zufrieden, wenn ich hysterisch und wütend auf ihn schimpfen würde, aber ich gehe hin und her und singe und höre und sehe ihn nicht mehr. Schließlich schlägt er die Tür zu und schreit mir durch das Guckloch zu: »*Bürger* Verurteilter, wenn Sie das Singen einstellen und die Hosen anziehen wollen, rufen Sie den *Bürger* Vorgesetzten – ich bin heute Diensthabender.«

Etwas anderes als Gemeinheiten war von ihm auch nicht zu erwarten: in den Lagern tritt der diensthabende Offizier jeweils für 24 Stunden an, Ablösung ist erst um 9 Uhr morgens, und während der Abend- und Nachtzeit entscheidet er ganz allein über alles, was in der Zone geschieht. Bis 9 Uhr morgens zu warten war zu lange: es war noch nicht 8 Uhr abends. Natürlich hätte ich jeden anderen diensthabenden Offizier rufen und bitten können, mir die Handschellen abzunehmen und mich in eine warme Zelle bringen zu lassen – das war nichts besonderes, eine alltägliche Sache, und ein anderer Diensthabender hätte ja gar nicht riskiert, mich nackt und in Handschellen in diesem Eiskeller zu lassen. Aber heute war Muska Diensthabender, ich beschimpfte mich nur noch einmal wegen meiner Starrköpfigkeit, aber ich konnte nicht mehr zurück.

Wenn man sehr geduldig ist, kommt in Handschellen der Moment, wo die Hände so gefühllos werden, daß der Schmerz gedämpft wird. Aber ich war starr vor Kälte. Ich fuhr fort zu singen, aber meine gelähmten Lippen konnten nur noch undeutlich die Melodie der ersten beiden Zeilen hervorbringen: von der Tür zum Fenster die erste, vom Fenster zur Tür die zweite. Und wieder von vorn. In Handschellen, ohne Hose, barfuß... und nur »Steppe weit und breit«. Ich war ganz benommen geworden, dachte an nichts, wollte nichts, sondern sang und sang und ging und ging nur immer weiter. Gegen 5 Uhr morgens wurde die Zelle aufgemacht, herein kamen ein Offizier und einige Aufseher, Muska war nicht dabei. Schweigend machten sie die Handschellen auf, ohne daß ich darum gebeten hatte, gaben mir eine Tuchjacke und wiesen mir eine Pritsche an. Ich nahm nur gleichgültig daran teil, ich hatte keinerlei Wünsche, aber nachdem ich mich mit der Tuchjacke zugedeckt und mich darunter so zusammengerollt hatte, wie es nur ein Häftling fertigbringt, und nachdem die ersten Blutstöße mit einem unerträglich stechenden Schmerz durch die flachgequetschten Venen geflossen, nachdem mehrfach wiederholte Anfälle von fiebrigem Schüttelfrost vorübergegangen waren, drang die wohltuende Wärme in meinen Körper ein, und unaussprechliche Dankbarkeit erfüllte meine Seele. Ich schlief ein – erwärmt, dankbar, glücklich.

Das war Dezember 1978, ich war dabei, meine 45 Tage Karzer abzusitzen, die man mir sofort verpaßt hatte, weil ich einen Brief mit einer Ladung Exporthölzer abgeschickt hatte. [Der vollständige Text dieses Briefes findet sich auf S. 101 ff.] Seitdem war viel Zeit verstrichen, keine leichte Zeit, ich hatte bereits zweimal ein Jahr in Einzelhaft gesessen, unzählige Tage und Nächte in Karzern, und dann hatte man mir von neuem, zum dritten Mal, ein Jahr Einzelhaft gegeben. Und Muska ließ sich seltsamerweise häufig bei mir sehen. Er unterhielt sich lange mit mir, redete schöne Worte, verlangte nichts von mir, machte, im Gegenteil, selber Vorschläge und brachte manches mit: zum Beispiel Bücher über Diamat und Histmat [dialektischen und historischen Materialismus] und einzelne Werke der Klassiker dieser Literaturgattung. Ich weiß noch, mit welchem Interesse ich Lenin las und mich für ihn begeisterte. Und Muska und ich sprachen immerzu von lichten und guten Dingen, manchmal kam es sogar mir so vor, als seien wir Gleichgesinnte. Und ich Idiot begann an meine Illusionen zu glauben, zu glauben, daß Muska ebenfalls zu den Menschen zähle. Aber Muska bereitete sich einfach auf seine Revanche vor, wartete auf eine Gelegenheit. Und die kam dann auch.

Eines Tages hatte ich mir aus irgendeinem Grund die Venen geöffnet, an beiden Händen. Selbstverständlich hatte man mich verprügelt, wie üblich, und dann die Handschellen zuschnappen lassen. Und es ist unglaublich schmerzhaft, wenn die Zähne der Handschellen sich in das blutende Fleisch von offenen Wunden hineinbohren. Aber Aufseher sind Aufseher: sie prügeln, soviel verordnet ist, legen die Handschellen an, wie sie es gewohnt sind – und ziehen ab. Sie haben ja noch anderes zu tun, sie müssen laufen, noch irgend jemand zu verprügeln, noch jemand – klick – Handschellen anzulegen. Sie hatten das Ihre getan und waren gegangen, und auf einmal war Muska da! Ich lag auf dem Fußboden in Blut und Schweiß, neben mir stand der Stapel von Muskas Büchern.

»*Bürger* Verurteilter, wir verletzen also wieder die Lagerordnung?« fing er süß an zu schnurren – »Wie oft soll der *Bürger* Vorgesetzte denn noch sagen, daß das gar nicht gut ist!« Und er trat auf die Ringe der Handschellen. Und nahm sofort den Fuß wieder weg und trat von neuem drauf, und wieder, und wieder, wieder, wieder... Die Zähne der Handschellen schleiften über Knochen, Sehnen, durch die offenen Wunden. Für einen Augenblick spürte ich, daß mein Herz stehenblieb, Übelkeit und Schwäche ergriffen mich – ein sicheres Zeichen, daß ich drauf und dran war, das Bewußtsein zu verlieren. Ein Häftling, wenn er Handschellen anhat, wenn man ihn ins leinene »Hemd«[3] einschnürt oder wenn er durch eine andere langanhaltende Folter zermartert ist, freut sich über ein solches Vorgefühl: das bedeutet ein paar Minuten Besinnungslosigkeit, seliges Ausruhen, fast schon einen Sieg. Aber ich verlor das Bewußtsein nicht, ich wurde nur ganz feucht, ich weiß es nicht mehr, vielleicht habe ich auch den Urin nicht halten können, aber es war ein solcher Bewußtseinszustand, der nur den Schmerz festhält, nur die Angst vor seiner Fortsetzung, und ich begann laut zu winseln. Vielleicht bin ich nicht stark und tapfer genug, aber in diesem Augenblick verhielt ich mich, wenn die Erinnerung daran auch beschämend ist, wie ein normaler Mensch. »Bürger Vorgesetzter, Bürger Vorgesetzter...« – stöhnte ich unter Qualen und konnte sonst nichts mehr sprechen. Muska war ziemlich schnell zufriedengestellt und fing an, entgegenkommend und mitfühlend mit mir zu reden. Ich konnte nur seine Schuhe unmittelbar vor meinem Gesicht sehen: sie waren blutbespritzt, die Hosenaufschläge ebenfalls.

Später entdeckte ich, daß auch auf den Büchern der Klassiker des Marxismus Blutstropfen waren. Als ich sie Muska zurückbrachte, entschuldigte ich mich für ihr Aussehen. »Macht nichts«, sagte er, »Blut ist kein Schmutz.«

Der unmittelbare Zweck von Handschellen ist nicht, Schmerz zuzufügen, sondern die Bewegungsfreiheit der Arme einzuschränken, der Idee nach ist das so, aber bei uns wurden sie nicht einfach angelegt, sondern zugeschlagen; gegen das Knie oder mit einem Holzhammer, und ein erfahrener Aufseher kann sie allein mit Einsatz seiner Hände so anziehen, daß einem schwarz vor Augen wird. Ich kann mich erinnern, im Untersuchungsgefängnis in Krasnojarsk gab es einen Oberaufseher, einen Aserbaidschaner, der war mir gewogen und hat mir sogar dann und wann etwas geholfen. Einmal, bei der Ausgabe der Arzneimittel (ich war bereits als psychisch krank eingestuft), beschimpfte mich die Krankenschwester in wüster Manier, und ich blieb ihr die Antwort nicht schuldig. Jedenfalls wurde ich durchgeprügelt und in den Keller in die Folterkammer gebracht: es war beschlossen, mich in das »Hemd« einzuschnüren. Als man mich schon nackt ausgezogen und einen Arzt gerufen hatte (ausgezogen wird man deshalb, weil dabei alles, was ein Mensch in sich hat, aus sämtlichen natürlichen Körperöffnungen herauskommt, und der Arzt muß bei der Folter anwesend sein, um den Moment festzustellen, wenn der Unglückliche das Bewußtsein wiedererlangt, dann gibt er den Befehl, wieder fest zu ziehen). Als ich also schon auf dem ausgebreiteten »Hemd« lag und zwei Aufseher die »Ärmel« gefaßt hatten, bereit zum Ziehen, kam mein Oberaufseher und »bat mich aus« bei seinen Kollegen: »Ich übernehme den Bock selber« – sagte er und führte mich in sein Zimmer. Dort erklärte er mir, daß er mich nicht einfach so zurück in die Zelle lassen könne: die Zellengenossen und die Fluraufseher müßten sehen, daß ich ordentlich bestraft worden war; deshalb würde er mir jetzt gleich Handschellen anlegen, nicht hart und bloß für ein paar Minuten, nur so, daß das an meinen Händen auch zu sehen wäre. Unsere Beziehungen waren so, daß ich hätte ablehnen und verlangen können, in die Zelle zurückgebracht zu werden, aber der Oberaufseher wußte weit besser als ich, wer mit mir zusammen in der Zelle saß (später hat er mir einen von ihnen genannt und mir die Meldungen gezeigt, die dem »Gevatter«[4] übergeben werden sollten). Ich konnte es keine Minute aushalten, obwohl er die Handschellen nur mit einer »leichten« Anstrengung seiner Finger anzog: meine Beine gaben nach, die Ohren sausten, vor den Augen erschienen grellweiße Flecken, ich brüllte auf. Ich war eine Minute in Handschellen, aber kehrte in die Zelle mit unförmig angeschwollenen Händen zurück, und die Spuren der Handschellen waren länger als ein Monat zu sehen.

Ich kenne nur ein Mittel, das bei Handschellen hilft: auswendig Verse von Alexandr Blok rezitieren. Sprechen und gehen muß man dabei so, daß Reim, Schritt und Schmerzimpuls zusammenfallen und in einem bestimmten Rhythmus alternieren. Das ist schwer zu erreichen, aber wenn es gelingt, geht man für eine gewisse Zeit restlos fort aus dieser Welt, wo man gequält wird, in eine Welt der Harmonie, der Rhythmen und Bilder, in eine Welt von unglaublicher Leichtigkeit und Helle.

Selbst wenn man sich an alle Grausamkeiten gewöhnt hat, hört man doch nicht auf, sich und seine Peiniger zu fragen: »Wofür?«

Im Karzer war ich einmal krank geworden, hatte Fieber. Am Morgen hatte die Krankenschwester mich untersucht und gesagt, sie würde abends die Temperatur noch einmal nachprüfen. Nach dem Gesetz darf ein Kranker nicht im Karzer gehalten werden. Abends bat ich darum, die Krankenschwester zu rufen: ich hatte gehört, daß sie schon in der Baracke war und ihre Ambulanzsprechstunde abhielt. Da keine Antwort erfolgte, klopfte ich von neuem. Man befahl mir, den Mund zu halten und mich der Tür nicht mehr zu nähern. Ich fühlte mich im Recht: ich war krank, hatte hohes Fieber und brauchte Hilfe; und ich klopfte unentwegt an die Tür und verlangte nach einem Arzt. Nach einer halben Stunde kam der Diensthabende Saizew mit einem Kommando (in den Zuchthäusern und Lagern gibt es das sogenannte »Butzkommando«, das ist eine Gruppe von jungen, kräftigen Aufsehern, deren ganze Arbeit darin besteht, Gefangene zu schlagen und gefügig zu machen, sie arbeiten auf Anforderung und sind, wenn sie angerannt kommen, immer sehr ungehalten und wütend). Schnell nacheinander gingen die Doppeltüren des Karzers auf: »Wer braucht hier einen Arzt? – Raustreten!« – brüllte Saizew drohend. Ich trat einen Schritt vor, die Kameraden packten mich von hinten: »Du bist wohl verrückt! Die werden dich gleich durchkneten, bleib hier!« Aber ich war nun schon mal im Schwung, ich trat tapfer vor die Tür, sofort flog ich aus den Latschen, ein Dutzend Fäuste und ein Dutzend Stiefel prasselten wie ein Hagel auf mich nieder, sie »kneteten« mich wütend und gekonnt. »Handschellen!« kommandierte Saizew und ließ sie gleich selber routiniert einschnappen. Ich ging vor Schmerz in die Knie, aber mit Fußtritten und Stößen zerrten sie mich den Flur entlang. Sie schleppten mich am Krankenrevier vorbei, dort saß die Krankenschwester. Ich riß mich heftig los und fiel auf die Türschwelle des Reviers, schlug mir die Lippen auf, das Blut schoß sofort und reichlich hervor. »Natalja Wassiljewna!« konnte ich gerade noch röcheln, bevor sie mich wieder zurückzerrten. Für diese »Frechheit« revanchierten sie sich dann draußen: sie ließen mich weglaufen, holten mich ein, brachten mich zu Fall und traten unter Gelächter nach mir. Dann gaben sie mir wieder Gelegenheit aufzustehen, ich rannte wieder barfuß im Schnee davon, und alles wiederholte sich. Schließlich ließen meine Kräfte nach und ich stand nicht mehr auf, weiter zogen sie mich an den Füßen, ich schrie wie wild, weil meine Arme in den Handschellen hinter den Kopf gedreht waren.

Keineswegs aus Objektivität, nein, einfach, weil ich's lieber tue, will ich nun von ganz anderen Fällen aus meinem Leben erzählen.

Häufig war es so: du sitzt im eisigen Karzer, ungezählte Tage und Nächte hintereinander, nimmst nur die Tage wahr, an denen es Essen gibt, schlafen kannst du nur kurzfristig – ein zwei Minuten in der Hocke oder im Stehen, weil die Kälte nicht zuläßt, daß du dich auf den Boden legst. Du bist schon alles an Gedanken und Erinnerungen immer wieder durchgegangen, hast alle Gedichte, die du kennst, dir wieder vorgesprochen, alle Lieder, die du liebst, dir wieder vorgesungen. Du hast schon längst genug davon, neue schöne Gebäude und Städte zu entwerfen, wo die Menchen vornehmlich damit beschäftigt sind, an heißen Kaminen zu sitzen und viel Wohlschmeckendes zu essen. Es ist dir plötzlich so unerträglich schwer geworden, daß du bereit bist, dich und dein Schicksal, alle Menschen und alle Bücher, alle Ideen und alle Prinzipien zu verfluchen; eine leidenschaftliche Versuchung erfaßt dich, und für eine Machorka-Kippe, für einen Laib Gefängnisbrot und eine Häftlingsjacke bist du bereit, deine Seele zu verpfänden. Aber es versucht dich niemand, man quält dich zwecklos und gleichgültig, die Welt kommt blendend ohne dich zurecht, die Menschen, die in Glück und Freiheit leben, verstehen sich nicht aufs Mitleiden. Und du weißt selbst ja allzu gut, daß du nur deshalb nach solcher Versuchung dürstest, weil du mit einem jungenhaft-stolzen Akt der Absage an sie aller Welt erklären möchtest: ich bin da! ich existiere!

Aber da werden mit lautem Geräusch die »Freßklappen« aufgemacht, in die Karzer wird »heißes« Wasser gebracht. Auch dir hat man einen vollen Becher lauwarmer Flüssigkeit eingegossen, du umfaßt den Becher mit den frierenden Händen und spürst, daß er trotz allem wärmer ist als deine Hände. Das Wasser ist ausgeschlürft, und mit einem Schlage ist dein Kopf wie berauscht, der Becher fliegt über die Schulter, der Rücken streckt sich, die gekreuzten Arme legen sich auf die Brust, und der Blick greift ruhig bis zum nächtlichen Sternenhimmel, als ob die meterdicken Betondecken aller Stockwerke des riesigen Gefängniskomplexes über deinem Kopf nicht existierten. Und du beginnst zu singen:

Glühe, glühe, du, mein Stern...

In diesem Augenblick bist du absolut glücklich und überhaupt nicht einsam. Und du singst mit ruhiger, sicherer Stimme, weil du in diesem Moment ganz gewiß weißt: er leuchtet, der kleine Stern, er leuchtet, und du wirst also alles können, alles überwinden.

Eine Minute illusorischen Glücks, aber wie hat sie geholfen!

Und hier noch ein Fall. 1969 erkrankte ich an eitriger Rippenfellentzündung; die Zuchthausmedizin wollte meine Krankheit nicht bemerken, beachtete meine Klagen nicht, und die Krankheit wurde katastrophal verschleppt, im Taschkenter Sanitätszentrum hielten die Ärzte mich für einen Todeskandidaten und hatten mich aufgegeben. Sie hatten mir natürlich einen Haufen Medizin und allerlei Prozeduren verordnet, aber ich war so schwach, daß ich keine Kraft mehr hatte, durch den langen Korridor den Behandlungsraum zu erreichen. So lag ich denn ganz ruhig auf der oberen Pritsche, aß nichts, war gleichgültig gegen alles und starb leise vor mich hin, und alle wußten das, aber niemand kümmerte sich um mich. Aber es gab da eine Nachtschwester, die während ihrer Schicht von selbst zu mir in die Zelle kam (nicht jede Frau wagt es, allein für längere Zeit in eine Zelle zu gehen, in der 25 besonders gefährliche Rückfalltäter sitzen). Sie ging bis in jene weit entfernte dunkle Ecke, wo mein »Gestell« stand, der Aufseher, der keine Möglichkeit hatte, gleichzeitig sie und die offene Tür zu bewachen, hatte sie inzwischen einfach in der Zelle eingeschlossen. Sie kroch auf dem »Gestell« zu mir nach oben, wischte meine schweißbedeckte Stirn ab, sprach zärtliche Worte und führte alle verordneten Prozeduren durch. »Armer Junge« sagte sie liebevoll, und ihre kühle, zärtliche Hand berührte meine heiße Stirn, strich über meine kurzgeschorenen Haare.

Gegen Abend – und die ganze Nacht über – wurde es schlechter mit mir, ich phantasierte und verlor die Besinnung. Ich habe nicht behalten, wie sie aussah, ich weiß nicht, was für Haare sie hatte, welche Farbe ihre Augen hatten, ich kann mich nicht mal an ihren Namen erinnern. Behalten habe ich die Berührung ihrer Hände und die Stimme. Im Fieberwahn habe ich sie Bela getauft und seither so genannt. Am Tag, als ich Erleichterung verspürte, versuchte ich mich zu erinnern, wie sie aussah, und in meiner Vorstellung erschien sie als blondes, blauäugiges Mädchen. Die Kriminellen aber sagten, sie sei brünett gewesen und »ziemlich schrecklich« anzusehen, sie nannten sogar ihren Namen. Aber für mich blieb sie Bela, die blonde, blauäugige, barmherzige.

Gesegnet sei die barmherzige Frau! Ich glaube, daß es solche noch gibt in Rußland, ich habe einfach kein Glück gehabt und in 20 Jahren nur die eine Bela getroffen.

Geboren bin ich in einem baschkirischen Dorf am Ufer des schönen Sees Kaldy. Alle meine besten Kindheitserinnerungen hängen mit diesem See zusammen, ich habe ihn sehr geliebt. Einmal hatte man mich aus irgendeinem Anlaß zu früh geweckt, und gewohnheitsmäßig lief ich gleich zum See. Jeder Tag begann für mich damit, daß ich zum See ging und sagte: »Guten Morgen! Da bin ich!« Es war Sonnenaufgang, ein schmaler Streifen des riesigen purpurroten Balls rollte direkt aus dem See herauf, das ganze Wasser war blutigrot und die Wellen bewegten sich wie

Flammenzungen. Das war eine gewaltige und schreckliche Feuersbrunst, so etwas sah ich zum erstenmal, und ich bekam große Angst, wäre am liebsten davongelaufen, aber ich konnte doch nicht zulassen, daß der See verbrennt. Und ich schöpfte eine Handvoll Wasser und wollte damit auf das »Feuer« spritzen, aber plötzlich flammte das Wasser in meinen Händchen auf und lief als flüssige Flamme zwischen meinen Fingern durch, ich spürte sogar, wie es brannte. Da fing ich laut an zu heulen, rannte nach Hause, schlug dort Alarm und forderte von den Erwachsenen, sie sollten den See retten.

Ich kam ohne Vater zur Welt, er war schon im Lager. Vielleicht bin ich sogar im Besuchszimmer eines Lagers empfangen, ich kann es nicht genau sagen, und zum Nachrechnen habe ich keine Lust. Mein erstes Spielzeug war ein hölzerner Tank, den Gefangene, Kameraden meines Vaters, geschnitzt hatten. Ich weiß noch, wie Mama mit mir Vater besuchen fuhr: der Zaun, oben mit Stacheldraht und mit Maschinengewehr-Türmen an den Ecken, beeindruckte mich überhaupt nicht – derlei Sachen gab es in meiner Heimat reichlich, und für die Augen des Kindes war das ein langweiliger Anblick, dessen es schon überdrüssig war, aber großen Eindruck machte die Eisenbahn neben dem Lager auf mich: da fuhren wütend fauchende, aber schrecklich interessante Lokomotiven vorbei. Ich ging nicht gern mit Mama ins Lager, ich hatte Angst vor Vater und seinen Kameraden, bei der ersten Gelegenheit entwischte ich zur Eisenbahn, und Papa schrie verzweifelt und lief hinter dem Zaun entlang, weil es mir gefiel, zwischen den Gleisen dem Zug entgegenzugehen.

Meine früheste Erinnerung ist sehr, sehr früh und ein wenig lächerlich. In den Dörfern des Ural wütete nach dem Krieg der Hunger. Vater saß, Mutter arbeitete von Sonnenaufgang bis Sonnenuntergang für das Kolchos, ich blieb zu Hause mit der Urgroßmutter, der Großmutter meines Vaters. Ich war noch ein Säugling und mußte an der Brust gestillt werden. Wahrscheinlich hätte ich mit Vergnügen auch Milch aus der Flasche genuckelt, aber von Milch konnte überhaupt keine Rede sein, vielleicht hätte ich auch zerkautes Brot aus einem Lappen gelutscht, aber Brot gab es auch nicht. Ich protestierte furchtbar und verlangte nach der Brust, ich wollte nicht einsehen, daß die Erwachsenen selber hungrig waren. Und die Urgroßmutter schob mir ihre Greisenbrust in den Mund. Seltsamerweise habe ich nur einen Vorfall behalten: ich bin wütend und anspruchsvoll und beiße die Urgroßmutter in die Brust, ich begreife schon, daß ich betrogen werden soll, die Urgroßmutter neigt sich zu mir, ihre Tränen tropfen auf mich und fallen in meinen Mund. Bittere, salzige Tränen.

Vor dem Hunger waren alle gleich: kräftige Männer und altersschwache Weiblein, Säuglinge und Halbwüchsige; dem Hunger überlegen waren nur der Kolchosvorsitzende und die Obrigkeit aus der Kreisstadt, sie fuhren in »Pobedas«[5] umher, trugen pompöse, halbmilitärische Kleidung und veranstalteten Picknicks am Seeufer.

Meine Mutter hatte einen Sohn aus erster Ehe. Ihr erster Mann war am ersten Tag des Krieges an die Front gekommen und möglicherweise am gleichen Tag gefallen. Und so war mein Bruder acht Jahre älter als ich. Er hatte von seinem gefallenen Vater ein Taschenmesser geerbt, damals ein Ding von unschätzbarem Wert für baschkirische und tatarische Jungen. Im Haus führte die Urgroßmutter das Kommando über alle. Ihr Sohn, der Vater meines Vaters, war auch im Krieg gefallen, und sie betreute und erzog alle ihre Enkel und Enkelinnen. Sie war eine kluge und gute Frau, aber über die Maßen machtbewußt, zuweilen – einfach zu streng (wie übrigens alle Männer und Frauen aus dieser eingebildeten baschkirischen Sippe, die sich für die besten der Menschen und die ersten unter den Baschkiren hielten). Mich liebte sie sehr, meinen älteren Bruder und auch meine Mutter duldete sie nur (sie waren Tataren). Und mein Bruder hatte es bei weitem schwerer als ich.

Einmal hatte Mama von der Arbeit einige Körner mitgebracht. Das war damals sehr gefährlich, aber sie hatte es um meinetwillen riskiert: gewöhnlich schüttete sie ein paar Dutzend Körner unter die Schuhsohlen. Körner wurden nur für mich mitgebracht, ich röstete sie auf der Ofenplatte und aß sie. Wenn die Körner auf der Platte heiß werden, springen sie hoch und platzen hörbar, das Zimmer erfüllt dann ein benommen machender Duft, der einem das Wasser im Munde zusammenlaufen läßt. Meinem Bruder war es in diesem Moment verboten, mir auch nur nahe zu kommen; wenn er es wagte, mich auch nur um ein Körnchen zu bitten, entlud sich über ihm der Zorn der Urgroßmutter, und von der Mutter bekam er auch was zu hören. Aber mein Bruder war über sein Alter hinaus stolz; in unserem Haus, wo ihn niemand liebte, hielt er sich nur im Winter auf, und auch das nur zum Übernachten; wo der elfjährige Bursche sonst Unterschlupf fand, weiß ich bis heute nicht. Aber eines Abends, als er offenbar besonders hungrig und die Urgroßmutter fortgegangen war, kam er auf mich zu und schlug mir vor, mit seinem Messer zu spielen: ich könnte es den ganzen Abend haben, wenn ich ihm etwas von den Körnern abgäbe. »Für ganz!« – verlangte ich, und wie er mir auch zuredete, ich bestand auf meiner Forderung. Damit nicht genug, zerkaute ich die gebratenen Körner demonstrativ geräuschvoll, knirschte und schnalzte, ja ich gab ihm mit unkindlicher, grausamer Berechnung sogar drei Körnchen zum Probieren. Und ich erreichte, was ich wollte: mein Bruder nahm meinen Platz an der Herdplatte ein, und ich ging daran, an einem Hockerbein herumzuschnitzen. Sehr bald schnitt ich mir in den linken Daumen, so stark, daß ich ihn bis zur Wurzel aufspaltete, aus einem Daumen wurden zwei. Die Urgroßmutter und mein Onkel kamen gelaufen, der Bruder wurde heftig geschlagen, das Messer in den Ofen geworfen.

Die Narbe am Daumen ist bis heute zu sehen. Mein Bruder aber verschwand ein paar Jahre später: fuhr fort und kam niemals wieder. Auch die allmächtige Miliz konnte ihn nicht auffinden. Wenn er noch lebt, wird er sich sicher an diese Geschichte mit dem Messertausch erinnern. Mein Bruder, wenn du am Leben bist, laß von dir hören! Wenn du nicht mehr lebst, hast du mir verziehen?

Die einflußreichsten Leute im Dorf waren meine Urgroßmutter und unser alter Nachbar Islam-babai. Beide entstammten bekannten, aber miteinander rivalisierenden baschkirischen Sippen. Diese Feindschaft rührte noch von meinem verstorbenen Urgroßvater her, der während der Kollektivierung abgeholt worden war.[6] Zugleich war aber mein Vater der Busenfreund des Sohnes von Islam-babais zweiter Frau, und ich war ein Herz und eine Seele mit seinem Sohn aus dritter Ehe.

Islam-babais Familie hatte ein seltsames und schreckliches Schicksal, es ging die Rede, daß sein Haus verflucht sei: er habe es an einem Platz erbaut, der rechtmäßig den bösen Geistern gehörte, und er habe sich aus Starrköpfigkeit geweigert, den Schaitanen[7] und sonstigen Dämonen nachzugeben, und das Haus nicht an einen andern Ort verlegt. Die unreinen Geister und die Höllenbrut hatten aber, wie sich erwies, die Gewohnheit, an diesem Platz ihre Hexensabbate abzuhalten, und dabei störte sie Islam-babai nun.

Islam-babai, mit seinem langen weißen Schnurrbart, der Hakennase und den gelben Habichtaugen, erklärte den unreinen Geistern den Krieg. Ich weiß nicht, was an dieser Erzählung Wahrheit, was Erfindung ist, aber ich bin als Kind selbst oft in der Nacht von Gewehrschüssen aufgeweckt worden: das war Islam-babai, der die im Haus herumtobenden Dämonen mit Schrotsalven bedachte. Es hieß, daß er bei solcher Gelegenheit einmal das Blut eines Schaitans vergossen habe und dafür von der Teufelsbrut sein Haus und seine Sippe mit einem Fluch belegt worden sei. Mein Vater, ein fröhlicher Geschichtenerfinder, übernachtete oft bei seinem Freund in diesem Haus: die Höllengeister rührten Fremde nicht an und genierten sich gewissermaßen, in Anwesenheit von Gästen ihr Unwesen zu treiben. Es gab den Volksglauben: solange ein Gast im Hause ist, werde die Teufelsbrut zumindest niemanden umbringen, sondern könne nur geringfügigeren Schabernack treiben. Mein Vater erzählte, daß da manchmal jemand einem Schlafenden die Decke wegziehe, das Geschirr aus dem Schrank werfe, daß jemand anfange zu tanzen, jemand ein schreckliches Lied anstimme, am Tisch sei die ganze Nacht über ein wildes Gelage im Gange: Gläser klängen, es werde eine übelriechende Flüssigkeit ausgeschenkt, die unsichtbaren Gäste mampften und rülpsten. Islam-babais ganze Familie hatte sich daran gewöhnt, es hieß, ein drohender Anruf genüge, um die Höllenbrut verstummen zu lassen, und wenn die Dämonen es einmal zu wild trieben und nicht gehorchen wollten, dann nehme Islam-babai sein Gewehr und schieße mit Kugeln, die der Mulla gesegnet hatte.

Und trotzdem verlor Islam-babai diesen Krieg immer wieder: die unreinen Mächte erwürgten mal ein Schaf, vergifteten eine Kuh, steckten einen Schuppen an. Das Furchtbarste war, daß die Mitglieder von Islam-babais Familie einer nach dem anderen umkamen: die Höllenbrut brachte nacheinander seine drei Frauen um (eine vierte konnte er nicht mehr finden, keine Baschkirin mochte ihn mehr heiraten, ungeachtet des hohen Ansehens seiner Sippe); jede Frau hatte ihm einen Sohn und eine Tochter geboren, aber keine von ihnen blieb lange am Leben, alle kamen durch einen gewaltsamen Tod oder Selbstmord um. Den Islam-babai selbst würgte die Teufelsbrut ein paar Jahre lang jede Nacht, und er starb unter schrecklichen Qualen. Meine Urgroßmutter überlebte ihn, war aber furchtbar traurig nach dem Tod ihres Feindes und pflegte zu sagen, daß es im Dorf unter den Baschkiren keine Männer mehr gebe, sie sei der letzte. Heute baut an der Stelle, wo Islambabais Haus war, niemand mehr, gegenüber, wo das Haus der Urgroßmutter stand, ist ebenfalls ein leerer Platz, die Baschkiren sind alle gestorben oder in alle Richtungen zerstreut, leere, tote Häuser schauen mit ihren vernagelten Fenstern traurig auf den See. Der See selbst ist zum Eigentum von Kurgästen und Datschenbesitzern geworden, er ist verunreinigt und seine Ufer sind aufgeteilt durch Zäune und Sperrzonen.

Unser Dorf hatte drei voneinander unabhängige Namen. Der echte baschkirische Name war Üka, was man mit »Linden« übersetzen könnte: früher wuchsen an den Ufern des Kaldy-Sees einmal mächtige Linden; nach der Revolution tauften die Russen das Dorf um in Suleimanowo, zu Ehren irgendeines Revolutionärs, und als die Kollektivierung durchgeführt war, hießen wir das Tschapajew-Kolchos. Meine Urgroßmutter erzählte: in unserem Dorf waren die Weißen, und am gegenüberliegenden Ufer, in einem anderen baschkirischen Dorf Tschapajews Rotarmisten; die Gegner schossen zwei Tage lang aus Kanonen aufeinander, aber kein Geschoß konnte die andere Seite des Sees erreichen, und da zogen die Gegner jeder in seine Richtung ab, und die Baschkiren blieben weiter in ihren Dörfern.

»Wo ein Kolchos ist, da ist auch Hunger« besagt ein in der Sowjetunion verbreitetes Sprichwort. Im Tschapajew-Kolchos gab es Hunger, Mißernte, Futtermangel und Viehseuchen, worauf Massenverhaftungen der Kolchosbauern folgten. Das schlechte Wetter, die Epidemien, die Naturkatastrophen – all das sollte das Werk von »Saboteuren« unter den Kolchosbauern gewesen sein.

Im Kolchos müssen alle arbeiten, sogar die Kinder. Das arbeitsfähige Alter für Jungen begann von dem Augenblick an, wo sie sich auf dem Pferd halten konnten, und baschkirische Jungen reiten von der Wiege an. Kinder freuen sich gewöhnlich über den Sommer und erwarten ihn, wir aber haßten ihn. Sobald die Sonne aufgegangen war (wann geht im Sommer die Sonne auf?), reiten auch schon die Brigadiere und Gruppenleiter von Haus zu Haus und wecken die Kolchosbauern und ihre Kinder. Sofort werden wir auf die Leiterwagen verteilt, und man fährt uns aufs Feld, und dort bekommen wir, die Kinder, Pferde zugeteilt, und die Arbeit beginnt: unter sengender Sonne, unter kaltem Regen, umringt von einer Wolke Stechfliegen oder Mücken werden wir bis zum Einbruch der Dunkelheit die primitiven räderlosen Schleppkarren ziehen. Sättel gibt es nicht, man legt uns einen von Pferdeschweiß verschmutzten Lappen unter, und darunter ein Bündel Stroh, das sogleich von der Kuppe des Pferdes runterrutscht. Die Pferde selbst sind mager, ausgemergelt von der ganztägigen Arbeit, und wir spüren mit unserem Kinderpopo jeden Rückenwirbel des armen Tiers. Bevor man ihn aufs Pferd setzt, wird jeder Junge verwarnt: »Paß mir auf und furz nicht!« Man glaubt, daß dadurch auf dem Pferderücken Geschwüre entstehen, aber die Geschwüre kommen in Wirklichkeit vom Hunger, von der mangelnden Pflege und den Stechfliegen, und überhaupt nicht vom Pupsen der Kinder. Obwohl wir tatsächlich ganz ordentlich pupsen: vor Hunger fressen wir alles durcheinander, was uns eßbar vorkommt, besonders Grünzeug, unsere Bäuche sind aufgebläht und darin kollert es ständig.

Manchmal verabreden wir uns und laufen alle gemeinsam davon. Für die Erwachsenen ist das eine Katastrophe: die Arbeit kommt zum Erliegen. Die Männer schwingen sich auf die Pferde und kämmen alle Wege und den Wald durch, sie finden uns sehr bald, kreisen uns ein und sammeln uns auf. Und von neuem werden wir auf den Pferden durchgeschüttelt und ziehen die ewigen Schleppkarren.

Als wir in den Bereich radioaktiver Verseuchung[8] geraten waren, hat man auch uns ausquartiert. Vater begann bei der Eisenbahn zu arbeiten. Er bekam 70 Rubel im Monat, wir waren sechs Kinder. Und alle acht lebten wir in einem winzigen Zimmerchen einer Eisenbahnbaracke (damals hieß sie militärisch »Kaserne«). In der Nähe war nur eine Grundschule in einer Siedlung für eine MWD-Einheit, wo die Kinder der Offiziere unterrichtet wurden. Und so mußte ich, der ich nicht russisch konnte, in eine russische Kasten-Schule gehen. Gepflegte, gut gekleidete Mädchen und Jungen mit rosa Bäckchen, die in der großen Pause ihre belegten Brote, Bonbons und Äpfel herausholten. Ich war damals nicht imstande, mich zu schämen wegen meiner schlechten Kleidung oder weil ich ständig hungrig war, weil ich schlecht russisch sprach, aber mit meinem Kinderverstand begriff ich sofort, daß eine ungeheure, beleidigende Ungerechtigkeit in der Welt existiert. Damals zog ich daraus keine anderen Schlüsse, als daß ich diese Kinder zu hassen begann, mich mit den Jungen ständig prügelte und die Mädchen ärgerte. Sie zahlten mir das nicht mit gleicher Münze heim, sondern beschwerten sich bei der Lehrerin, bei ihren Eltern, und die kamen zu meinem Vater. Der griff sogleich, in ihrer Gegenwart, zornig zum Gürtel, die Beschwerdeführer waren entsetzt und baten, die Exekution bis nach ihrem Fortgang aufzuschieben, Vater legte den Gürtel gern wieder weg, und als die Deputation abzog, seufzte er erleichtert. Und während er nachdenklich irgendwohin zur Seite schaute, zauste er mit seiner schwieligen Pranke meine Haare und begab sich wieder an seine Arbeit.

In dieser Schule, wo die Offiziersfrauen das Sagen hatten und wo es sogar von ihrer Laune abhing, was und wie unterrichtet wurde, hatte ich den Ruf, ein starrköpfiger, böser Junge zu sein, und man hielt mich für dumm, woran natürlich mein schlechtes Erbgut schuld war. Das erste halbe Jahr verstand ich das Russische noch schlecht, und die Lehrerin pflegte mich jede Pause wegen irgendeiner Dummheit in die Ecke zu stellen. Alle Kinder spielten und amüsierten sich in der Pause, nur ich allein mußte bis zum Beginn der jeweils nächsten Stunde in der Ecke stehen. Weg konnte ich nicht: die Offizierskinder gaben scharf auf mich acht, sobald ich auch nur versuchte, meine Ecke zu verlassen, liefen sie schon ins Lehrerzimmer, um mich zu verpetzen. Das Traurigste dabei war, daß ich nicht verstand, worin meine Schuld bestand, und was man von mir wollte. Sobald wieder eine Stunde zu Ende war, führte die Lehrerin mich in die Ecke und sagte immer streng: »Entschuldige dich, Achmetow!« Dieses Wort kannte ich damals noch nicht, ich verstand einfach nicht, was »sich entschuldigen« bedeutet, und ich senkte nur den Kopf wie ein junger Stier und schnaufte schwer.

Der Platz, wo wir lebten, hieß offiziell Kilometer 91, es waren zwei »Kasernen«, in denen etwa 15 Eisenbahnerfamilien wohnten, und lag in der Mitte zwischen zwei anderen, denen von Kilometer 86 und Kilometer 97. Bei uns wohnte der Meister und die Rechnungsführerin und hier war auch das sogenannte »Kontor«. In diesem kleinen Zimmer stand ein Tisch, wo die Männer abends Domino spielten, ein batteriebetriebenes Telefon, ein großes Rechenbrett mit Holzkugeln, und an der Wand hing ein Porträt von Mao Tse Tung. Wir Jungen hatten alle nichts ordentliches anzuziehen, und im Winter bei Frost zogen wir es vor, in diesem Kontor zu spielen: wir fuhren auf dem Rechenbrett auf dem Fußboden umher, beschossen den Großen Vorsitzenden mit weichgekauten Papierkügelchen oder erzählten uns Märchen. Die Märchen machten wir selber, wir phantasierten einfach laut vor uns hin. Märchen konnte jeder von uns erzählen, und alle verstanden zuzuhören. Ich war der beste Märchenerzähler, das ist keine Angabe, es war einfach so. Übrigens erzählte ich Tag für Tag ein und dasselbe unendliche Märchen von einem alten Mann und seinem Enkel, die tief im Walde lebten und schreckliche Räuber aller Art zu besiegen hatten. Die Helden meiner Märchen kannten und liebten alle, und die Fortsetzung ihrer Geschichte wurde stets ungeduldig erwartet. Jedes meiner Märchen endete glücklich, aber am nächsten Tag gerieten meine Helden wieder in eine schwierige Lage und meisterten sie wieder dank heroischem Einsatz und wahren Wundern an Einfallsreichtum.

So saßen wir eines Tages im Kontor und waren irgendwie beschäftigt, da klingelte das Telefon, und ich ging die Rechnungsführerin holen. Sie stürzte ohne Mantel zur Tür heraus, und beim Licht einer Glühbirne konnte ich in ihrer Hand eine Scheibe Brot erkennen, die sie sich gerade gestrichen hatte: ein Stück Weißbrot, darauf eine Schicht gelber Butter, und die Butter mit Zucker bestreut. Eigentlich war gar nichts Besonderes passiert, aber dies Butterbrot hat mir schrecklich zugesetzt. Mich begann ein Bild zu verfolgen, das ich nicht mehr los wurde: ich bestreiche ein gewaltiges Stück blendend weißen Brots mit einer dikken Schicht Butter und bestreue es ausgiebig mit Zucker, auf den Zucker schmiere ich wieder Butter und streue wieder Zucker darüber... Ich konnte nicht aufhören, schmierte immer nur Butter und streute Zucker, Schicht auf Schicht, Schicht auf Schicht: Brot – Butter – Zucker, Butter – Zucker, Butter – Zucker... Mit einem krankhaften Lustgefühl führte ich diese Operation mit den Butter- und Zuckerschichten in der Phantasie wieder und wieder aus. Ich konnte mich nicht dazu bringen, nicht mehr daran zu denken, und so kam es dazu, daß dies monströse vielschichtige Butterbrot sich, ohne daß ich es gewollt hätte, auch in meine Märchen einschlich: meine Helden verzehrten am Ende jedes Märchens ein solches Butterbrot, und mit besonderem Genuß beschrieb ich, wie sie es zubereiteten.

Hunger ist erniedrigend, erniedrigend sind auch die Erinnerungen daran. Aber mein ganzes Leben – als Kind wie als Erwachsener – stand unter dem Zeichen des Hungers, und erst im Gefängnis konnte ich mit dem selbstgemachten Aphorismus prahlen: »Ein Mann muß das Hungergefühl verachten«, aber wohin soll ich mich retten vor den Kindheitserinnerungen?

Einmal war spät im Frühjahr noch Schnee gefallen, unsere kleinen Gänseküken fanden nichts mehr im Gras und hätten umkommen müssen. Da kaufte Mutter für sie Weißbrot und Milch (sie haben empfindliche Mägen, von Schwarzbrot bekommen sie Durchfall und gehen ein). Mutter brockte das duftende Weißbrot in die vollfette weiße Milch und fütterte die Gänseküken. Ich saß daneben und beobachtete es entzückt, gern wäre ich ein Gänseküken gewesen und hätte mit ihnen zusammen von dieser nie gesehenen wunderbaren Speise gekostet. Ich war dabei nicht im geringsten böse auf Mama: ich hatte schon damals eine Bauernseele und begriff, daß es wichtig war, die Küken zu retten

Meine Tante, damals noch ein Mädchen von 14 Jahren, hatte als Putzhilfe im Kinoklub Arbeit gefunden. So bekam sie die Möglichkeit, sämtliche Filme kostenlos zu sehen, und zu allen Filmen schleppte sie mich mit. Ich glaube, sie nahm mich mit zum Schutz vor den betrunkenen Männern, vielleicht fühlte sie sich mit mir, einem fünfjährigen Knirps, etwas sicherer. Ich nahm damals das, was auf der Leinwand vor sich ging, als wirklich, die erwachsenen Zuschauer bemerkten das und machten sich einen Spaß daraus, mich aufzuziehen. Wenn z. B. die Schauspieler auf der Leinwand anfingen zu essen, ermunterten sie mich: geh nur hin, bitt sie um was, die sind gutmütig, werden dir schon was geben. Ich ging zur Leinwand und bat. Der Saal lachte laut, meine Tante weinte, und ich weinte auch, wenn ich mit der Hand statt der Speisen nur grobes Sacktuch berührte.

Alles in allem wuchs ich unter den gleichen Bedingungen auf wie die Mehrzahl der Kinder in meiner Umgebung, in jenen Zeiten eine ganz gewöhnliche Kindheit. Aber als ich etwa 15 war, kam mein schlechter Charakter immer häufiger zum Vorschein. Wäre das nicht gewesen, hätte vielleicht alles auf sowjetische Weise glatt laufen können: ich lernte leicht, sogar besser als viele, ich las gern, glaubte alles, was man mir beibrachte und was ich las, war stolz darauf, im besten und gerechtesten Land der Welt zu leben, bedauerte aufrichtig die Menschen, die das Unglück hatten, in kapitalistischen Ländern geboren zu sein; ich träumte sehnsüchtig davon, zu einem der großen Bauvorhaben des Kommunismus zu fahren und wollte deshalb einmal von zu Hause weglaufen. Aber plötzlich, wer weiß warum, wurde es mir unerträglich langweilig: mit den Eltern, den Kameraden, den Lehrern, langweilig sogar mit den Büchern, nachdem ich erfahren hatte, daß zu jedem Buch Hunderte von Büchern geschrieben seien mit Kommentaren und Instruktionen, wie sie zu verstehen und zu deuten wären. Ich aber wollte alles auf meine Weise verstehen. Der Geist des Widerspruchs und Protestes war derart stark, daß mich nicht mehr die Wahrheit interessierte, sondern einfach die Möglichkeit, zu diesem oder jenem eine eigene Meinung zu äußern, und je schärfer es dabei zuging, desto mehr Gefallen hatte ich daran. Meine Literaturlehrerin, die zugleich auch meine Klassenlehrerin war, eine gute Frau, die mich gern hatte, war entsetzt über meine Aufsätze: ich benutzte jedes beliebige Thema nur dazu, meine – bewußt übertriebenen – Ansichten zum Ausdruck zu bringen. Was ich schrieb, war natürlich Unsinn, aber ein Unsinn, der für eine Dorfschule unerhört war, die ganze Klasse pflegte auf die Besprechung meines jeweils fälligen Aufsatzes zu warten, das wurde zu einem spannenden Spiel, bei dem alle gegen die Lehrerin spielten. So habe ich etwa in einem Aufsatz über Tolstois *Krieg und Frieden* statt der verlangten Wiedergabe des Bildes vom Patriotismus des Volkes die militärische Begabung Kutusows herabgesetzt, Napoleon über den grünen Klee gelobt und ihn Völkerbefreier genannt, doch damit nicht genug, plötzlich bin ich auf die Persönlichkeit Hitlers zu sprechen gekommen und habe umständlich nachzuweisen versucht, daß er keineswegs dumm oder verrückt gewesen sei. Ich war ein junger Demagoge, duldete keinen Widerspruch und hatte oft die ganze Klasse auf meiner Seite. Unerbittlich in unseren Argumenten und findig, was die Worte anging, waren wir stets bereit, der armen Dorfschullehrerin Paroli zu bieten. Sie hatte Angst vor einem offenen Streit mit uns, und wir waren so boshaft, ihre Argumente lächerlich zu machen. Ich weiß, wie sie sich verzweifelt an ein Lenin-Zitat klammerte: »Lenin hat Tolstoi den größten Schriftsteller genannt!« – »Den g r ö ß t e n ? « – versetzte ich ruhig – »und Shakespeare? Ist der nicht groß?« Die Klasse hat nur darauf gewartet, im Nu fällt etwa ein Dutzend anderer großer und berühmter Namen, und die Lehrerin ist den Tränen nahe. Sie weiß ja nicht, daß wir in der Schulzeit, wenn überhaupt etwas, dann Demagogie gelernt haben, jetzt war die Zeit gekommen, wo das Frucht tragen sollte, was sie selbst gesät hatte. Selbstverständlich hatte damals keiner von uns Shakespeare gelesen, aber sie wohl auch nicht.

Vielleicht war das nur ein Protest gegen das System des Schulunterrichts und betraf besonders die Literatur und die Geschichte. Wir haben L. Tolstoi, Turgenew, Puschkin und alle anderen Schriftsteller und Dichter laut Programm »durchgenommen«, wobei wir es fertigbrachten, keine Zeile ihrer Werke zu lesen. Das hatte nicht nur einfach niemand verlangt, vielmehr wurde ein solches Vorhaben nicht mal gefördert; wer las, war überhaupt nicht beliebt in der Schule – ein Leser konnte leicht außer Kontrolle geraten. Es gab ein einziges Buch, das wir unbedingt lesen mußten – das Literatur-Lehrbuch, es war um vieles klüger und nützlicher als alle jemals geschriebenen Bücher. Auch beim Geschichtsunterricht war es nicht angebracht, allzuviele Fragen zu stellen: alle Geschichtslehrer waren Parteileute, also vom »Volk der Feurigen«, wie wir in der Schule sagten, und mit solchen ist durch Fragen nicht viel zu erreichen, es sei denn, daß man sich selbst sehr rasch in Frage stellt. Daher hatten sie die am liebsten, die büffelten. Die Abschlußprüfung legte ich als Externer ab, zum Trotz der ganzen Schule, aus der man mich schließlich relegiert hatte. Ich beschloß, ein glänzendes Examen abzulegen (was mir im großen und ganzen auch gelang), und deshalb habe ich zum erstenmal im Leben gebüffelt; und siehe da, die Prüfung in Geschichte bestand ich glänzend, ich rasselte die Antworten auf die Fragen der Prüfkarte so herunter, daß der alte Lehrer direkt zu weinen anfing und begann, mir eindringlich nahezulegen, daß ich mir von der Schule eine Empfehlung für die Historische Fakultät geben lassen sollte.[9]

In der zehnten Klasse hatte ich mir vorgenommen, in den Komsomol einzutreten: ich stellte meinen Antrag, bekam Empfehlungen von Lehrern, die in der Partei waren, paukte mir die Statuten ein. Schon stand die Komsomol-Versammlung kurz bevor, auf der ich in die Garde der Sowjetjugend eingereiht werden sollte. Aber noch vor der Versammlung passierte ein Unglück.

Ich stand mit einem Kameraden in der Schultoilette und rauchte. Ich hatte erst vor kurzem zu rauchen begonnen und betrieb diese Sache daher mit allem Ernst. Und da stürzte der Direktor der Schule, Mirasow, plötzlich herein. Höchstwahrscheinlich in dringender eigener Angelegenheit, denn er hatte die Finger schon an den Hosenknöpfen. Mein Kamerad versteckte rasch seine Zigarette hinter dem Rücken, aber es war schon zu spät. »He, stellt sofort das Rauchen ein!« fing der Direktor sofort an zu schreien.

Er war ein hysterischer Tatare mit einer roten Visage und roten Haaren. Das erste Mal war ich mit ihm vor drei Jahren zusammengerempelt, als er gerade erst in der Schule erschienen und den Posten des Direktors angetreten hatte. Damals hatte er mich in der Turnhalle erwischt, wo ich hingegangen war, um mich nach dem Unterricht etwas zu bewegen. Es hatte ihm nicht behagt, daß ich die Turnhalle ohne seine Genehmigung betreten hatte. Durch meine unehrerbietigen Antworten erzürnte ich ihn sogleich, er schleppte mich in sein Arbeitszimmer, warf mich auf sein Sofa und fing an draufloszudreschen. Das war für mich so überraschend und beleidigend, daß ich auch wütend wurde und begann, ernsthaften Widerstand zu leisten. Diesen Vorfall hatten wir beide behalten, und unser Verhältnis konnte seither nicht mehr das von Erzieher und Zögling sein.

Er hatte also verlangt, das Rauchen einzustellen. Ich war natürlich erschrocken, die Zigarette zitterte in meiner Hand, aber ich tat so, als hätte ich nichts gehört. Mein Kamerad trat unruhig von einem Fuß auf den anderen und schob hinter dem Rücken die Zigarette aus einer Hand in die andere, unschlüssig, was zu tun sei. »Was habe ich gesagt, werft die Papirossi[10] weg!« – der Direktor brüllte jetzt schon richtig und trat ganz dicht an meinen Kameraden heran. Der warf die Kippe schleunigst ins Pissoir. »Nu-un!« sagte der Direktor drohend, indem er auf mich zukam. »Ich habe eine Zigarette und keine Papirossa« antwortete ich und tat einen Zug. – »Wenn ich sie ausgeraucht habe, werde ich sie wegwerfen.« Ich hatte für jeden

Fall schon einen Fuß zurückgesetzt als Widerlager, da ich damit rechnete, daß er sich auf mich stürzen würde, aber er tat etwas anderes. In dem Ton, in dem ein Richter ein Urteil verliest, erklärte er uns: »Vom heutigen Tage an sind Sie von der Schule verwiesen. Ich möchte Sie nicht mehr in der Schule sehen.«

»Warum stellst du dich bloß so bockig an, du Idiot!« – fiel mein Kamerad über mich her. – »Deinetwegen krieg ich auch noch was ab!«

»Von mir kriegst du nichts mehr zu rauchen, Kumpel« – antwortete ich und ging in den Flur, um mich anzuziehen.

Während ich mich anzog und von den Kameraden verabschiedete, hatte die Sekretärin bereits die Anordnung des Direktors getippt und ans Schwarze Brett geheftet. Der Name meines Kameraden war nicht erwähnt.

Eltern und Verwandte, alle meine Lehrer, darunter auch die Frau des Direktors, die Chemielehrerin, deren bester Schüler ich war (ich hatte alle Chemie-Olympiaden gewonnen) – sie alle eröffneten den Kampf um meine Rehabilitation in der Schule. Schließlich machte der Direktor ein Zugeständnis: ich sollte mich bei ihm entschuldigen. Ich lehnte ab. Wieder gab es lange Verhandlungen, der Direktor machte noch einen Rückzieher: ich brauchte mich nicht zu entschuldigen, ich sollte nur zu ihm gehen und ihn selbst um die Erlaubnis bitten, weiter lernen zu dürfen. »Das wird sich zeigen«, dachte ich und kam zur angesetzten Zeit in die Schule. Vor dem Arbeitszimmer des Direktors umringten mich die Lehrer und wollten mich überreden, während der Unterredung umgänglicher zu sein, nicht aufzubrausen: »Du hast doch zehn Jahre gelernt, und das soll jetzt alles umsonst gewesen sein?« – so redeten diese guten Frauen und Männer mir zu. Ich war selber auch friedliebend, in guter Stimmung, mit lächelndem, offenen Gesicht betrat ich zusammen mit denen, die mir wohlwollten, das Amtszimmer des Direktors. Er war auch fröhlich, scherzte mit mir, ließ mich neben sich Platz nehmen, holte eine Schachtel »Belomor«[11] hervor, reichte mir eine Papirosse hin, nahm selbst eine, gab mir Feuer. Wir machten beide einen Zug. Alles war prächtig, so schien es mir, ich hatte nicht den geringsten Verdacht, bis ich die Bestürzung auf den Gesichtern der Lehrer bemerkte. »Nun, Genossen, haben Sie sich überzeugt?« begann der Direktor sarkastisch – »Erst hat er in der Toilette geraucht, jetzt tut er's in meinem Amtszimmer. Und das soll Ihr fähigster Schüler sein?«

So durfte ich denn das letzte Schuljahr nicht abschließen, das einzige, was meine Verteidiger durchsetzten, war die Erlaubnis, die Abschlußprüfung extern abzulegen. Unsere Komsomolorganisation stellte mir, obwohl ich gar kein Komsomolze war, eine einmalige Charakteristik aus: alle Wörter waren dort im Superlativ, man hatte bei mir eine Masse hervorragender Qualitäten entdeckt, es wurde behauptet, daß mich auf dem Pfade der Physik eine geniale Zukunft erwarte. Ich hatte schon gute Kameraden in der Schule!

Damals war das Jahr 1966, ich war 17 Jahre alt, konnte ich denn wissen, daß dies mein letztes Jahr in Freiheit sein sollte?

In Alma-Ata herrschte ein entsetzliches Regenwetter, von den Bergen her rauschten ganze Wasserströme durch die Straßen, rissen Fußgänger um und spülten Autos in die Straßengräben. Bis wir den Flugplatz erreichten, war sowohl Nina Petrowna als auch ich bis auf die Haut durchnäßt. Ich hatte eine Lager-Tuchjacke an und Stiefel aus Segeltuch, Nina Petrowna einen dünnen Sommermantel und schäbige Überschuhe. Nach drei Stunden waren wir in Tscheljabinsk, dort machte sich gegen Abend mit einem leichten Wind der Frost vom Ural breit. Wir wurden buchstäblich mit Eis überzogen, es wird schon dunkel und der

Frost wird stärker, und wir können und können diese verdammte *Straße der Freiheit* nicht finden.

Nina Petrowna ist mein Wachsoldat, sie ist Krankenschwester eines Spezialkrankenhauses und muß mich in der Tscheljabinsker Psychiatrischen Klinik abliefern. Jetzt hat sie Angst, daß ich ihr in meiner Heimatstadt davonlaufen könnte, aber ich bin 21 Jahre nicht hiergewesen und erkenne nichts wieder. Nina Petrowna war die bösartigste Schwester des Spezialkrankenhauses, aber mich behandelte sie immer besser als die andern, auch jetzt ist sie einverstanden, mich für ein Stündchen zu meiner Schwester zu bringen, obwohl das nicht gestattet ist.

Wir suchen die Straße der Freiheit, dort wohnt meine Schwester. Leute zu fragen ist sinnlos: alle frieren, die Lippen versagen ihren Dienst, alle machen irgendeine Handbewegung und rennen weiter. Das einfachste wäre, ein Taxi zu nehmen, aber es tut mir um Nina Petrownas Geld leid, sie muß ihrem Sohn, der Soldat ist, Päckchen nach Afghanistan schicken, sie liebt ihn so und bangt, daß ihr Herzchen nicht totgeschossen wird. »Wenn nur er niemanden totschießt« – antworte ich, als sie mir mit ihrem Sohn schon auf die Nerven geht. Endlich fand sich der richtige Bus. Die Fahrgäste schauen mich von der Seite an und fragen Nina Petrowna flüsternd: »Ist dein Mann endlich gekommen? Wie lange hast du denn warten müssen?«

Ich läute an der richtigen Tür, heraus kommt eine dicke, schwangere Frau und mustert uns argwöhnisch, schon will sie die Tür wieder zuschlagen, da sage ich leise: »Sagida[12] ...« Und da erschrak sie noch mehr. Vor 21 Jahren war sie 9, und jetzt sehe ich sie wieder.

Wir sind wieder auf der Straße der Freiheit, jetzt müssen wir die Psychiatrische Klinik suchen, wo man mich schon erwartet: vorbereitet sind die Spritzen, bereitgelegt die Tabletten, die Sanitäter haben die Ärmel aufgekrempelt. Vom ersten Augenblick an wird man mich mit sieben verschiedenen Präparaten spritzen, darunter fünf starke Neuroleptika und ein Sulfasin. Vom ersten Augenblick an werde ich soviel Tabletten bekommen, daß ich sie nur mit Mühe auf einmal in der Hand halten kann. Vom ersten Augenblick an werden die Sanitäter Anweisung erhalten, mit mir besonders streng umzugehen und bei der ersten Sauferei werden sie mich so zusammenschlagen, wie mich noch niemand geschlagen hat.

All das liegt noch vor mir, aber im Moment stehen wir auf der Straße der Freiheit und fragen eine alte Frau, wie wir zur Psychiatrischen Klinik kommen.

»Geht nur, ihr Lieben, dann kommt ihr direkt hin. Am Ende der Straße der Freiheit, ihr Schwälbchen, am Ende der Straße der Freiheit.« –

April 1988

Anmerkungen des Übersetzers

1 MWD – Ministerium für Innere Angelegenheiten, ihm untersteht auch der KGB (= Komitee für Staatssicherheit) sowie besondere Truppenverbände.
2 »Muska« ist sonst als Name für kleine Hunde wie Pekinesen und Terrier gebräuchlich.
3 Eine Foltermethode, die darauf beruht, daß angefeuchtetes Sackleinen sich beim Trocknen zusammenzieht.
4 Der »Gevatter« (russ.: *kum*) ist der KGB-Beauftragte, der die Bespitzelung der Häftlinge untereinander organisiert und leitet.
5 »Pobeda« (= Sieg) – Automarke, entspricht etwa unserem »Mercedes«, daher meist Dienstwagen von Privilegierten.
6 Im Original steht hier »repressiert« – ein Verbum, das heute für die Untaten der Stalinzeit gebräuchlich ist, wobei offenbleibt, ob es sich im konkreten Fall »nur« um langjährige Haft oder Verbannung handelt oder um physische Vernichtung der Opfer der »Repression«.

7 *Schaitan* ist etymologisch wohl gleich *Satan*.

8 In der Sowjetunion hat es bereits vor Tschernobyl eine Reihe von nuklearen Unfällen gegeben.

9 Im Gegensatz zu anderen Studiengängen ist das Jura- und das Geschichtsstudium in der Sowjetunion nur möglich mit »Empfehlungen« der vorbereitenden Schulen.

10 »Papirossa« ist eine Zigarette mit einem langen Pappmundstück.

11 »Belomor-Kanal« = Weißmeerkanal – eine seit 1947 beliebte Papirossimarke.

12 »Sagida« ist der Name von Achmetows Schwester.

Gedichte 1975–1983

I

Monolog am Bohrturm

Hallo, grüß dich, Erdölturm aus Eisen!
Bis vor kurzem wußt ich nichts von dir.
Da war nicht zu hörn als eines Greisen
Stimme, die Gebete lallte hier.

Zeiten gab's, wo hier noch niemand hauste,
Kirchen zimmerte noch kein Urus*,
Und man brachte den Kumys**, der brauste
Den Verstorbenen hierher als Gruß.

Trauer kennst du, eiserner, mitnichten!
Fordert doch das Leben: Öl tut not.
Wer durchbohrt hat der Geschichte Schichten,
Spuckt von deiner Höhe auf den Tod.

Kind der Zeiten, die dem Motor dienen,
In der Steppenstille – Fortschrittsmal,
Nur die Alten brauchen nichts mehr – ihnen
Mach aus Knochen Seife – auch egal.

War'n es auch Baschkiren, die dich setzten
Als ein Mal der Zeit im Gräberland –
»Schließlich hatten wir auch unsre Götzen«,
Hätte jeder sicherlich bekannt.

»Nur der Ahnen Geister und Gebeine
Zu verhökern, fehlt' es an Verstand.
Motels und Motoren gab's noch keine,
Doppelt war nicht Gott noch Heimatland.

Damals brauchte keiner sich zu schämen,
Daß er seine Muttersprache spricht,
Dafür tät er's aber übelnehmen,
Gast zu sein an seinem eignen Tisch.

Schade, daß uns freigebornen Herzen
Zweimal Sterbenkönnen nicht vergönnt:
Winden wir als Tote doch in Schmerzen
Uns, die ihr niemals erfahren könnt.«

Doch was sollst du auf die Toten hören!
Dein Jahrhundertspruch ist doch famos:
Wenn die Kinder auch noch aufbegehren,
Ziehn die Enkel nur noch Sklaven groß.

Was kann mir das alles schon bedeuten!
Dieses Land – es ist ein Eiterherd.
Ich kann nur mit leeren Worten streiten,
Wo dein Eiter alle Welt verheert. [1975]

---

* *Urus* baschkirisch für *Russe*. Interessant ist der Hinweis, daß mit der russischen Eroberung (seit dem 16. Jahrhundert) auch das Christentum in die ursprünglich teils schamanisch, teils islamisch geprägten Gebiete einzog.
** *Kumys* ein bei allen Turkvölkern verbreitetes berauschendes Getränk aus Stutenmilch.

Das Gedicht spiegelt die Problematik des wider Willen in eine »zweite Heimat«, nämlich (Sowjet)Rußland integrierten Baschkiren mit seinem nationalen Identitätsverlust und der von der modernen Technik überrannten Tradition eines nichtrussischen Volksstammes, auf dessen Gräberfeldern nun Ölfelder entdeckt und ausgebeutet werden.

Die Knute und die Herde

Nicht Knute tut's, auch Gerte nie,
Nur *der* Gedanke schreckt das Vieh:
Es muht bedrohlich von der Weide,
Die Hufe mengen Gras und Sand,
Die Schweife stehn wie Fahnenstangen,
Noch ein Moment – und im Galopp
Geht's über Brach- und Ackerland,
Kein Zaun, kein Pfosten kann sie halten,
Die ganze Herde rast davon.

Ach, spinnt doch nicht! Wer stand denn auf?
Die Kälber drängen sich zuhauf,
Der Stier beugt ängstlich sein Genick,
Froh sind die, die man kräftig klopfte,
Daß man sie nicht in Würste stopfte.
Die Knute leckt, wer macht sein Glück.
Und wieder nichts als Glockenklötern,
Der Hirte bläst auf seiner Flöte,
Blau ist der Himmel, grün das Gras,
Das Vieh froh... So gehört sich das. [1976]

Das Bild der Herde ist, nach Mitteilung des Dichters, angeregt durch ein Puschkin-Gedicht aus dem Jahre 1823, in dem es heißt:

[...]
Mögt weiter ihr zur Weide traben,
Euch weckt doch nie der Ehre Ruf.
Wozu der Herde Freiheitsgaben?
Schlachtvieh und Schur ist ihr Behuf;
Und einziges Erbteil, das sie haben
Ist Schellenjoch und Peitschenknall.

Da ich hier russisch mit dir rede

Nie suchte meine Seele deine
Verwandtschaft, die mich stolz nicht macht.
Rußland, vielleicht hat das uns beiden
Bisher so wenig Glück gebracht?

Bin ich in fremdem Schoß geworden?
Doch lernte nicht nur ich Mordwá,
Wladímir kennen, deinen Norden,
Sibirien und Kolymá.*

Als dein Verwandter lernt ich »sitzen«,
– Dies Los, es war nicht meins allein –
Ständig gefaßt auf Unheilsblitze,
Fremdling im eignen Haus zu sein.

Wo uns Gebirg und Wüsten trennen,
Wo soviel Zeit und Streit uns trennt,
Wie könnt ich deinen Sohn mich nennen,
So tun, als ob man gut sich kennt?

Die Brücken sind zu schmal, zu spröde,
Die Feindschaft ist noch immer wach . . .
Mir, der ich russisch mit dir rede,
Sieh alles Nichtrussische nach:

Daß meine Gene sich entsinnen
An manches, was du gern vergißt,
vergib, daß, lieb dich zu gewinnen,
Verrat mir ganz unmöglich ist,

Daß unser Blut sich nie vermählte
Und unsre Herzen ewig trennt,
Daß ich, der deine Sprache wählte,
Nichtrussisch denke bis ans End.

Und dabei weiß ich: es verstehen
Nichtrussen Russisch gar nicht schlecht,
Und keiner läßt den andern gehen:
Wir sind – uns fremd – doch *ein* Geflecht. [1976]

---

* Die geographischen Namen dieser Strophen nennen berüchtigte Orte und Lager- bzw. Verbannungsbereiche, im europäischen Rußland das Gefängnis von Wladimir, die Lager in der Mordwinischen Republik und im hohen Norden (z. B. Workuta), im asiatischen Teil Sibirien und das im äußersten Norden gelegene Kolyma.

Auf »lichte Zukunft« pfeif ich was,
All eure Pläne – Fabelkarren!*
Dies Glück ist mir zum Kotzen fast:
Auf eurem Wagen mitzufahren.

Ein Kummet reicht für alle hier,
Stroh vor der Schnauze soll genügen.
Karrt Wasser zum Kompart-Quartier
Und spannt euch vor die Kompart-Pflüge!

Eins ist doch alles – Macht und Kitt;
Die Zügel Hanf, Leder die Knute.
Und daß der Kitt nicht etwa litt',
Besorgt der Lenker, der nie ruhte.

Bald war verkniffen er und kahl,
Bald schnauzbärtig, streng anzuschauen,
Dann wieder kahl und nicht normal,
Dann: Schaum vorm Mund und buschige Brauen.

Und selbstvergessen pfiff im Rund
Der Hieb des Lenkers ohnegleichen.
Die Ärmsten riß der Stahl im Mund,
Der Wagen schoß, verlor die Speichen.

Kein Zeichen mehr, kein Pfad, kein Gleis;
Der Wagen ächzt in letzten Zügen.
Doch der Idiot von Führer weiß
Und weist den Weg mit neuen Lügen.

Wohin? Wozu? – mag's unklar sein.
Glaubt! Glaubt! und fragt nicht nach Beweisen!
*Wer gar nichts war, wird alles sein,***
Und Teufel werden Engel heißen.

Doch ich spring ab, auf jeden Fall.
Ich hab's nicht eilig, werd's schon packen.
Mir paßt so wenig euer Stall
Wie euer Kummet meinem Nacken.

Ich werd in diesen Mauern drin
(mir ist die »lichte Zukunft« schnuppe)
Schon meine Jährchen mit den Knien
Ganz sachte stoßen in die Kruppe. [1976]

---

* Im Original: *der krylowsche Wagen.* Anspielung auf die Fabel »Schwan, Krebs und Hecht« des größten russischen Fabeldichters Iwan Krylow (1768–1844). In dieser Fabel wird erzählt, wie ein Schwan, ein Krebs und ein Hecht versuchten, einen Wagen fortzubewegen, was natürlich mißlang, weil der Schwan in die Lüfte, der Krebs rückwärts und der Hecht ins Wasser zog. Sprichwörtlich wurde daraus der Schlußsatz der Erzählung: *Der Wagen steht noch heute da.*
Eine Reihe anderer Anspielungen zielt auf die Sprache der offiziellen Propaganda: die *lichte Zukunft* und das *Glück* der kommenden kommunistischen Gesellschaft, oder auf die amtlichen Kürzel wie *Kompart(ija)* für *Kom*munistische *Part*ei und die damit gebildeten Kunstwörter.
Strophe 4 karikiert Lenin, Stalin, Chruschtschow und Breschnew.
** Diese Zeile ist ein Zitat aus der russischen Fassung der »Internationale«.

Jedem das Seine

So ist's bei uns halt eingeführt,
Das Land hat's selber so gewollt,
Daß seine Kinder man sortiert,
Und nach Verdienst Verehrung zollt:

Posthum gehn *die* in Mausoleen,
Lebendig nach Sibirien *die*.
Die Braven steckt man in Livreen,
Die andern – in die Psychiatrie. [1976]

Gegen die Eisenstirnigen

Todestraining, Panzer, Panzer!
Panzer auf dem Tankodrom.
Todesspiel im Panzertanze,
Rasseln, Heulen, Schwenk im Turm.

Eisenmordzeug, Eisentonnen,
Gleich ob Buchstab, Stern, ob Kreuz.
Tanks in Prag und Tanks in Bonn und
Tanks in Bukarest bereits.

Freiheit wollt ihr? Da – nun freßt schon!
Wehrlos unterm Kettenrad?...
Panzer stehn in Budapest schon,
Panzer rolln gen Belgerad!

Tanks – schon recht, sind stets im Rechte,
Des Jahrhunderts Ideal.
Warschau, Prag und Wien, errichtet
Für die Tanks ein Ehrenmal!

Tanks heißt Hunnen, Tanks heißt Skythen,
Tanks – der grause Khan *Dschingis*,
Tanks heißt Zuchthaus, Elendsmythen*,
Tanks heißt Tankokommunism!

Ob sie ihre Kinder schmissen
Unter unsre Ketten, gleich:
Macht will nichts von Mitleid wissen!
Panzer reden hier mit euch!

Panzerspur zieht um die Erde,
Westwärts und bis China drang's.
Wer, der Eisenstirnen wehrte?
Frieden spielt man nicht mit Tanks!

Panzer, Panzer, nichts als Panzer!
Nur für ihr Gesetz ist Platz!
Sieggedröhn im Takt der Panzer.
Der Planet – ein Übungsplatz. [1978]

---

* Elendsmythen: im Original *Sisyphusarbeit*

Laßt mich frei

Tauscht mich ein gegen eine Neutronenbombe,
Tauscht mich ein gegen einen Raketensatz,
Tauscht mich ein, und sei's gegen Brot für Kambodscha...
Laßt mich frei, bitte, laßt mich ins morgende Licht.

Gebt mich her für Rechte, Gerechtigkeit, Wahrheit,
Für ein Halbdutzend Spitzel, für hundert Nahosts*,
Gebt mich her für so eine Bande von Linken...
Laßt mich frei auf dem Regenbogen ins tönende Blau.

Setzt den Preis für mich fest in Megatonnen, Devisen,
Setzt den Preis für mich fest in Grenzkilometern am End,
Gemäß meiner Hoffnung und meinem verzweifelten Wesen...
Laßt mich frei in das Märchenland, wo man Kerker nicht kennt.

Laßt zum Lieben mich frei in das Mondhelle hinter dem Fenster
Laßt ins Morgenrot mich, laßt in den Frühling mich frei
Laßt mich frei in meine blauende Jugend...
Laßt mich, bitte, doch frei, ich bitte euch sehr. [1978]

---

* im Original: *Palästinas*

Der Titel und die sich wiederholende Wendung »Laßt mich frei« basieren auf einer Zeile eines unveröffentlichten Gedichts Eduard Kusnezows: »Laßt mich frei, ihr Winde«.

II

Blau, mein erstaunliches, Schmerz, du mein blauender!
Mädchen der Träume mein, wer bist, wie heißt du denn?
Träume von Schwänen mir träumen aufs neu,
Seufzen von Schwänen gibt mein Herz nicht mehr frei.

Blau ist der Himmel wohl hinter den Wolken dort,
Blau sind die mächtigen Vögel, die kreisen dort,
Mutwillig schleudert ein blauschräger Wind
Dort blaue Sterne zum Fenster hinaus.

Trocken und kraftlos geworden vor Bläue
Regen sich eben noch blau-blaue Lippen,
Blau sind die Betten der Adern verschlungen,
Blauende Blitze versengten die Lider.

Sehnend durchwandert das strenge, das stolze
Bläuliche Mädchen die bläuliche Stadt,
Ruft meinen blauenden Schatten schon an...
Im Blauland, da wartet man, wartet auf mich. [1976]

Die Farbe Blau wird im Russischen mit den Vorstellungen von Ferne und vor allem von Sehnsucht assoziiert. Das Gedicht ist weithin lautmalend (im Original ist der vorherrschende Vokal i). Die Vorstellung vom Seufzen der Schwäne scheint auf Puschkins Märchen vom Zaren Saltan zurückzugehen, wo eine Prinzessin in einen Schwan verwandelt ist, aber wie ein Mensch spricht und auch stöhnt.

Hinter des Tags verkohlten Resten
Erkenn ich mich nicht mehr als jung.
Im Auge unverziehner Gestern
Seh ich nur meine Spiegelung.

Dem nach, was frühre Worte raunen,
Gleit ich, ein Geist, in mich hinein,
Und kühl verfolge ich mit Staunen
Den Schatten alter Träumerein.

Zu mir, als ob ich mich besuchte,
Kam ich, den Dolch schon im Gewand.
Doch fehlt die Kraft mir, das Verruchte,
So daß ich mich in mir nicht fand. [1976]

Worte
im Herzen – verbrannt.
Rauch füllt
den Kopf bis zum Rand.
Segel-
schiffe wie tot:
Gedanken,
von Wüsten umloht.
Wart ich
noch lange auf Wind?
Ob ich
den Kurs richtig find?
Kompaß
der Hoffnung mich narrt?
Friedvoll
ein Hafen mein harrt?
Häfen,
ich weiß, sind gesperrt.
Sturmbö
am Traumsegel zerrt.
Wo nehm ich
Trinkwasser auf?
Führt nie
zur Ruhe mein Lauf?
Kann ich
der Seele Brand
löschen
auf See und an Land? [1976]

Jahr folgt auf Jahr, den Tropfen gleichend
Aus aufgeschnittner Venen Blut.
Und jeder Tag streut Aschenteilchen
Ins Farbenspiel der Abendglut.

Und wieder drohen Trauerstraßen,
Deckt Seufzen zu der Worte Kraft.
Wann endlich wirst du mich entlassen
Aus solcher Jahre schwerer Haft?

So Jahr um Jahr und noch und noch –
Und all das dir nur, nur für dich.
Wirst du's begreifen? Hab ich doch
Fast ganz schon hingegeben mich. [1976]

In einer früheren Fassung war das Gedicht um zwei Strophen länger. Sie seien hier mitgeteilt, da sie verstehen helfen, wer mit dem angeredeten Du der dritten Strophe gemeint ist:

Schuld kann ich nicht vor dir erkennen.
Schäm ich mich, dir ins Aug zu sehn?
Du pflegst mein Schicksal mich zu nennen;
Doch wie mag ich zu dir wohl stehn?

Vielleicht ist deshalb dieses Seufzen,
Vielleicht dies Trauern deshalb gar,
Weil ich betrat dein Wetterleuchten,
Noch selbst nicht wissend, wer ich war?

Das »Schicksal« (*sud'ba*) ist im Russischen ein Femininum, was die Möglichkeit einer Verwandtschaft, auf die in der letzten Zeile der vierten Strophe angespielt wird, nahelegt.

(Frauen)

Wie Januarschnee, wie Frühsommertau
Lacht Jugend wohl auf in der Seele,
Und Zärtlichkeit schwebt in dein Haus – als Frau –
Auf hauchfeinem Mondengesträhle.

Und alles Vergangne, es sei, wie es will,
Verhülln diese Zähne, die weißen,
Und als Frau legt die Trauer den Arm um dich still,
Langersehnt und willkommengeheißen.

Sieh, das Frührot zerstäubt blauer Augen Gegleiß
Und berührt ganz zart deine Wangen.
Und durch Januarschnee kommt lächelnd und leis
– Als Frau – die Hoffnung gegangen. [1977]

Das Original hatte keine Überschrift. Die hier zugefügte soll das Verständnis erleichtern, indem sie auf die Vorstellung von *Jugend*, *Zärtlichkeit*, *Trauer* und *Hoffnung* als weiblichen Wesen hinweist. Glücklicherweise sind diese Abstrakta auch im Deutschen alle Feminina.

Wieder ist Frühling, und jeden Morgen
Zärtliches Ungemach.
Wieder kein Schlaf, und wiederum klingt die
Saite des Aufruhrs an.
Schmerz der Verluste beleckt der Wind, und
Bläue ist grenzenlos.
Wiederum rauscht so sacht wie ein Segel
Frühere Hoffnung auf.

Wieder wird Macht der Vernunft und Eis
Wie Wäsche gewechselt für
Kindischen Trotz und Leidenschaft, die doch
Allen verheißen ist.
Und, wie ein Spalt, wenn die Stunde kommt, den
Staudamm in Stücke reißt,
Wird Heiligen Sehnsucht zu Sünde und Fall
Allein schon beim Worte *Frau*. [1978]

Pflicht und Schuldigkeit*

Dieser Prometheus-Schmerz ist stärker schon als ich,
Wenn ich nach Blau und Zärtlichkeit mich sehne,
Entströmt statt Blut schon Galle meinen Venen.
Könnt ich zu Pulver oder Gift zerstampfen mich.

Doch wie vor einem Leichnam stürz ich fort von mir,
Wenn durchs Erinnern Frühlingswinde wehen.
Ich hoffe nichts, nichts kann durch mich geschehen,
Nicht Rache an den Feinden, Hilfe Freunden nicht.

Ich bin ja kein Titan, kein Geist, der Steine
Gottlos in Brot zu wandeln sich erkühnt.
Doch schwere Schuld verbietet meiner Hand dies eine:
Den Schicksalsfaden kappen und dem Kampf entfliehn.

Denn schmachvoll stirbt, wer seine Schuldenlast verneint
Vor denen, die da leben – Freund und Feind. [1979]

---

* Das russische Wort *dolg* bedeutet sowohl *Pflicht* als auch *Schuld*, im Plural *die Schulden*.

Ein Morgen Anfang März

Einmal darf jeder die Wahrheit erblicken.
Und gerecht ist der Tröstungen Gift.
Einmal wirst du im Frühling entdecken,
Auch die Tröstung des Gifts ist gerecht.

Find dich ab, denn wie eh – auch in Zukunft
Steht nicht Lenzlied noch Liebe ins Haus.
Nur so wenig erbitt ich – als Wunder:
Einen kräftigen Schluck dieses Blaus. [1983]

III

Niemals

Ich spreche niemals,
mit niemandem
die duftende Sprache der Maien.
Ich wußte von Got,
sah den Zaren selbst,
doch verfluchte den Himmel,
verwarf das Gesetz der Erde.

Und habt ihr ein Fest,
einen Tag schwarzen Leids,
so lache mit euch ich nicht,
bin nicht mit euch traurig.
Ich – Asche von Sternen,
Ich – amtlicher Worte Schatten,
suche hier nicht nach Recht.

Ich werde niemals,
vor niemandem,
den Nacken beugen
und niemals
niederschlagen den Blick.
Ich bin mit niemand
irgendwie verwandt.
Von den Höhen meiner Qual
ist niemand mir heilig.

Und träte ich auch
den letzten Weg
im letzten Dezember erst
nach allen andern an,
erschossen aus nächster Nähe,

so bin ich doch nie
und zu niemandem
geschlichen
mit wölfischem Zwinkerblick.

Dort, in der Dezembernächte Kellern,
liegt nicht der Mammute Jugend,
nicht grauer Jahrhunderte Grab:
Vor den Augen der Menschen,
vor den Strahlen der Sonne
hält man versteckt dort den Leichnam der Wahrheit*,
dort fröstelt an den Worten das Laub.

Kein Zufluchtsort
für das Herz,
den Verstand.
Was ist's, was ich hier fand,
was ich verlor?
Ein Frühlingstrugbild,
niemandem zunutz,
streunt wie ein kranker Wolf
durch die Dezember. [1976]

---

* Das russische Wort *prawda* bezeichnet die *Wahrheit* weniger im Sinne der objektiven Richtigkeit als vielmehr im Sinne des moralisch Geforderten, in einem höheren Sinne »Rechten«. So steht in der Bibel überall, wo von *Gerechtigkeit* die Rede ist, *prawda*, und auch die älteste russische Gesetzessammlung (13. Jh.) heißt *Russkaja prawda.* Demnach könnte hier auch verstanden werden: *hält man versteckt dort den Leichnam des Rechts* oder *der Gerechtigkeit*.

Warum weinst du nicht, Vogel
oder schreist?
Schließlich bin doch nicht ich es,
der gleich bruzzelt im Topf.
Liebe, sanfte Taube,
du bist besser als ich.
Nur, verstehst du, der Hunger
ist kein Onkel vom Land.
Hungrig ist das Gefängnis
wie ein Drachenschlund.
Warum schaust du so sanft nur?
– Mach mich nicht verrückt!
Schon mich, schlag mir die Flügel
doch nicht um den Hals!
Ob ich Dieb bin, ob nicht Dieb,
ich bin doch nur ein Mensch.
Dreh den gierigen Magen
nicht mit Zartheit mir um –
bin aus Wahrheit* nur grausam,
bin aus Liebe nur bös.
Hauch mit schutzloser Sanftmut
meine Seele nicht an –
schließlich gelten die Krümel
vom Weißbrot nicht mir,
schließlich füttern die Kinder
mit Brötchen nicht mich.
Und nicht alle auf Erden
essen ihr Brot umsonst.
Ja, und zahm bin ich auch nicht –
fresse nicht aus der Hand.
Was bleibst du stumm?

Was fluchst du nicht
mit Schreien dem Schicksal?
Willst du etwa bei Nacht noch
zu mir fliegen im Traum? . . .
Mein gefangener Vogel,
warum bleibst du nur stumm? [1976]

---

* *prawda*, d. h. Wahrheit, Recht, Gerechtigkeit, Aufrichtigkeit; vgl. Anm. zu ›Niemals‹ (S. 78)

Es roch nach Schweiß,
nach Fleisch,
es roch nach Flüchen,
nach Unrecht,
Niedertracht und Bosheit,
es roch nach Schmach,
nach Ängsten
und nach Leiden ... –
es roch nach Menschlichem allein.

Nach Frauen roch es nicht
und ihren Düften ...
Nach so etwas wie Jugend roch es nie. [1976]

An Perepelizyn

Mein Freund war Ukrainer,
War Dichter und war Dieb.
Erhalten wie bei Kindern
Ihm Zauber und Unsinn blieb.

Er las seine Verse gerne
Und fluchte noch lieber sogar
Auf Gott und die Welt und jenen,
Der grad unser Machthaber war.

Wenn man, so wie wir uns, sich kannte,
So sprach man nicht salbungsvoll.
So kam es, daß ich dich nannte
Statt »Sascha« einfach: »Chochol«.

So schrieb ich auf die Kassiber
Nur »S. – dem Chochol«, sonst nichts,
Und steh dafür ein, falls darüber
Jemand als Beleidigung spricht.

Ich weiß, daß dies Wort einst ehrte
Den Stolzen und Tapferen, der
Der polnischen Szlachta wehrte
Und dem krimschen Tatarenheer.

Der Ruhm der Setsch-Saporoger,
Die in moskauer Fußeisen gehn,
Ist der Chochol, den sie lassen
Im Winde der Freiheit wehn.

Nach kurzer gemeinsamer Strecke
Trennten Karten und Jahre uns schnell.
Fort gingst du – ein Dieb und ein Recke,
Ein Barde und ein Rebell.

Oft war keine Lilie reiner,
Oft kein Fluß so reißend wie du,
Der Chochol, wie du, der Ukrainer,
Der Dichter und der Mensch. [1977]

Dies gegenüber dem Original gekürzte Gedicht kreist um das im Russischen für die Ukrainer gebräuchliche Schimpfwort »Chochól«, das ursprünglich die eigentümliche Haartracht der Saporoger Kosaken bezeichnete, die in der von Gogol im *Taras Bulba* beschriebenen Republik Setsch lebten und gegen Polen und Krimtataren zu kämpfen hatten, bisweilen auch gegen die Türken. Die letzte Zeile ist auch im Original kürzer als die übrigen, allerdings gereimt, was im Deutschen mit dem Wort *Mensch* in einem ernsten Kontext nicht möglich ist. Trotzdem mußte hier das Wort *Mensch* als letztes des Gedichts stehen.

Wie einfach das ist!
(auf den Tod von G. P. Budajew)*

Auch Leben, wie die Freßrationen,
rücken sie tageweis nur raus.
Wie einfach – Sterben würde lohnen,
mit Schmerz und Hunger wär es aus.

Und das Rezept wird sicher klappen:
Ein Strick für TBC und dich!
Wie einfach – fest gedreht aus Lappen,
leicht eingeseift, hält sicherlich.

Dann an die Tür gerückt den Hocker,
Wirf auf den Lampenfassungsknauf
mit eigner Hand als Lasso locker
die eignen Unterhosen rauf.

Zum Teufel mit dem Kult des Schönen!
Bazillen-Millionen jetzt
durch Mark und Hirn wie Glocken dröhnen.
Und das ist einfach – wie'n Gesetz.

Ist das naiv nun oder weise,
daß du so einfach alles löst:
für die Bazillen bleibt die Leiche,
sonst nur ein San-Bereich-Attest.

Was ist für des Gesetzes Schlinge
dein Leben? was der roten Pest
ein Toter? Und wenn er auch hinge
als Vorwurf dem Gewissensrest!

Entsetzlich einfach ist das alles!
Doch das Gedächtnis – leichenvoll!
Wär's Wahnsinn, wenn im Fall des Falles
für jede einer büßen soll? [1977]

* Gennadi Budajew erhängte sich 1974 im Gefängnis von Wladimir.

In diesen Tagen

Vor Feinden – und Freunden sogar – geheim
Verschließ ich in mich diese Tage.
Es hungern die Jungen in Irland,
Es sterben die Jungen in Irland
In diesen Tagen.
Und ihre Ration und den ganzen Erdball
Lassen sie mir zurück.

An diese Tage gewöhnt die Welt sich bereits,
Man wird müde, den Höhepunkt
Der Agonie zu erwarten.
Dieser und jener schließen eine Wette ab
In der Pause zwischen zwei Gängen.
Ein Liberaler – in liberaler Weise –
Beurteilt, weiß und ißt alles.
Ist bekümmert, erschüttert, verwirrt:
Fanatischer, asiatischer Protest . . .

Doch – negativ – zeigt dieses Beispiel
Den positiven Gedanken der Freiheit:
Sie waren doch frei – vermerkt es –
Sogar in der Wahl des eigenen Todes.
Der ausgepichte alte Zuchthausscherge
Empört: »Umsonst läßt man die Kerle sterben!
Sie wolln die Sonde nicht verschlucken?
Aber, Kollegen, wozu hat der Gefangne
Wohl einen Hintereingang eingebaut?«

Dort wird euer Wille nicht vergewaltigt.
Jawohl, jawohl! Da hat der Liberale recht.
Aber, Menschen, wie lang denn, wie lang noch

Wird sich verstecken in Untergrunddrucken
Der Kodex unsrer Menschlichkeit?
Kann man Sattheit und Hunger denn messen?
Immer wieder das gleiche: Brot und Spiele.
Das uralte Business mit Blut und Schmerz.
Zehn Szenen – bald gesüßt, bald gesalzen.
Zehn Gänge – und alle »rechtens« gewürzt.
Daumen nach unten – soll doch den DAVID erstechen
Der Sieger – der blinde GOLIATH.

Und auch hier wird schamlos und taktlos
Kalkuliert mit Normen und Fakten,
Mißt man, wie Jeans, die »Bedingungen«, an.*
Und Augen und Münder springen nur so
Über fremde Tische und Betten:
Von der Wassersuppe in Übersee – zu Statusfragen,
Aus Rjasan – nach Israel oder in die Staaten,
Von GUEVARA – zu eignen Geschwüren.

Nur mit einem einzigen Zweifel
Frag ich in diesen Tagen mich selbst:
Stell ich mich denn nicht an mit dem Blechnapf?
Bin ich es allein, der leidet,
Bin ich es allein, der da aufißt
Sein Gewissen mit seiner Ration?

Es hungern die Jungen in Irland.
Text ganz unten im Keller, petit.
Es sterben die Jungen in Irland.
Die Buchhaltung des Todes dieser Tage.
Die Zeit weht den kräuselnden Rauchdunst.
Sie büßen die Bosheit, den Neid.
Und es bleiben am Himmel von Irland
Zehn Sterne.

Für die zweimal – zumindest – Begrabnen
Die Pyramiden der H-Blocks von Longcash
Und auf Blumenhügeln Granit.
Zweimal begraben, doch tot nicht.
Dort über dem Granit tönt die Zeit,
Dort über dem Granit, ist der ewige Zenith. [1981]

---

* »Bedingungen« (russ. *reschim*) meint die vier Stufen des sowjetischen Strafvollzugs, bei denen wachsenden Arbeitsanforderungen verminderte Verpflegungsrationen zugeordnet sind.

Das Gedicht bezieht sich auf den durch Hungerstreik herbeigeführten Tod von zehn jungen Häftlingen in nordirischen Gefängnissen im Jahr 1981.

Der Kalender
ist ein endloser Flur im Gefängnis.
Jeder Tag –
eine Tür
mit Schlössern und Riegeln und Sperren. [1982]

Er hat die Blumen gegossen,
gegessen,
er schmust mit dem Töchterchen rum.
Der Richter ist heimgekommen
von der Arbeit. [1982]

Es reicht nicht zu sagen:
Für Freiheit zahlt man mit Freiheit –
Man muß es auch tun. [1982]

Leb wohl, Poesie!
Mein Yoknapatawpha* ist – das Gefängnis. [1982]

* Yoknapatawpha ist die fiktive Provinz im Staat Mississippi, in der die meisten Romane William Faulkners spielen.

Er hatte genau halb und halb
seine Ration mit ihnen geteilt.
Und als mein Kamerad
verstarb an Dystrophie,
war's mir ein leichtes,
die Zutraulichen zu fangen.
Eines der Täubchen –
es war sein Liebling –
ließ ich fliegen. [1982]

Er hatte die ganze Nacht geschrien! . . .
Sie trugen ihn fort.
Mein Nachbar schämt sich auch, daß er froh ist.
Und Scham und Schmerz und fremder Tod –
All das ist das Leben.
Ob man den Nachbarn oder mich
Morgen auf die Tragbahre legt? [1982]

Wie schwer es auch ist,
aber leben kann
der Verräter.
Doch
der Mensch –
wie kann er ehrlich sein
allein?

[1982]

Er hat mir Bücher gebracht:
Lenin und Marx.
Hat klug geredet, so auf menschlich gemacht. [1983]

»Wart, ich bring dir das Reimen noch bei!«
Sagt' mir ein KGB-Offizier. [1983]

»Du Miststück wirst wohl auch
von mir noch schreiben.«

Dabei den Unterton:
»Mir würd' es schmeicheln.« [1983]

Anhang

Vier Briefe aus der Gefangenschaft

Menschen, wir brauchen eure Hilfe!
(Offener Brief)

Wir wissen nicht, ob diese Produkte, die von sowjetischen Strafgefangenen in Sklavenarbeit hergestellt worden sind, in ein sozialistisches oder in ein freies Land exportiert werden. Wir richten unseren Appell, den wir im Namen der politischen Gefangenen der Sowjetunion verfaßt haben, unabhängig von der politischen Ordnung des Importlandes an das Volk und an die Regierung, denn wir sind sicher, unser Brief findet in jedem Land und bei jedem Volk Gehör.

Wir, Nisametdin Schamsutdinowitsch Achmetow und Wladimir Michailowitsch Michalenko, sind politische Häftlinge in einem verschärften Straflager im tiefsten Sibirien. Wir sind von der Öffentlichkeit unseres Landes und von der ganzen Welt isoliert, wir haben keine Hoffnung, freigelassen zu werden, und unser Leben ist in Gefahr. Wir sind keine Mörder, keine Diebe und keine Notzuchtverbrecher, wir hatten nur Mut, an die Freiheit zu denken, eigene Ansichten zu vertreten und vor allem über Freiheit, Recht und Demokratie zu reden und zu schreiben. Das heißt, wir haben die Wahrheit gesagt und unsere Überzeugungen nicht verheimlicht.

Wir haben nichts Besonderes getan und keinerlei Heldentat vollbracht, unser Wirken hat im Lande keine Revolution hervorgerufen, und das Volk kennt unsere Namen nicht. Nichtsdestoweniger haben wir unsere Wahl fürs Leben getroffen, wir haben uns auf den Weg des Kampfes gegen Ungerechtigkeit und Lüge und für die Verteidigung der nationalen Interessen der großen und kleinen Völker der Sowjetunion gemacht. Wir sind gegen die Unterdrückung des Menschen, gegen Rechtlosigkeit und gegen die Verwandlung der Menschen in arbeitende und schießende Roboter aufgestanden, wir haben das grausame Regime und die unumschränkte Diktatur der KPdSU herausgefordert. Mag sein, daß wir nicht die richtigen Methoden anwenden, es ist auch möglich, daß unsere Arbeit wenig wirksam ist, aber wir sind überzeugt, daß unsere Bemühungen richtig und unser Kampf gerecht ist.

Wir leben in einem Land, das wir Heimat nennen, das wir lieben. Was wir aber hassen, ist, was aus diesem Land unter der Herrschaft der faschistoiden Kamarilla des Zentralkomitees der Partei geworden ist. Unser Volk ist das rechtloseste und ärmste, unsere Gefängnisse sind die härtesten und größten, unsere Armee ist die mächtigste und aggressivste, unsere Regierung die grausamste und tückischste, und die Politik unseres Landes stellt die größte Bedrohung für die ganze Welt dar. Glauben Sie das nicht? Dann klatschen Sie den Kommunisten Beifall! Lächeln Sie sowjetischen Raketen zu, die auf Ihre Wohnung gerichtet sind!

Lassen Sie doch die Kommunisten siegen! Lassen Sie die Roten Fahnen über Bonn, Paris, London und Washington wehen! Möge unser ganzer Planet zur kommunistischen Welt werden! Dann, erst dann wird jedermann erkennen, was das ist – Sowjetkommunismus. Und erst dann wird der Anfang vom Ende des Kommunismus beginnen. Erst dann wird die ganze Welt gegen die rote Epidemie immun werden und von ihr genesen. Aber wir warnen: es wird nur die Hälfte der Weltbevölkerung übrigbleiben, vielleicht noch weniger.

Natürlich wollen Sie derartige Opfer nicht bringen und dieses Rezept nicht anwenden. Auch wir sind dagegen. Aber wir wollen nicht gleichgültig zusehen, wie die freie

Welt Schritt für Schritt ihre Positionen dem Kommunismus gegenüber aufgibt.

Ja, wir denken emotional und sind mit den Feinheiten und Spitzfindigkeiten der hohen Politik nicht vertraut – mag sein, weil wir beide Dichter sind und beide dem Tode nahe. Aber außer uns schmachten in den Lagern Mordowiens und des Bezirks Perm, in den Kasematten des Gefängnisses von Wladimir Tausende anderer politischer Häftlinge. Außer uns leben im Lande 250 Millionen rechtlose und unglückliche Menschen – und fast ebenso viele im übrigen Osteuropa. (Wir reden nicht von China, sowjetische Panzer und Raketen warten nur auf das Signal, die Milliardenbevölkerung Chinas in Blut und Asche zu stürzen.)

Wir wissen, daß der Westen, insbesondere in den letzten Jahren, viel für uns getan hat und noch tut, sowohl für die politischen Gefangenen als auch für unsere Landsleute, und wir sind dankbar dafür. Aber wir meinen, daß man noch mehr tun kann, viel mehr. Wir bitten nicht darum, daß uns amerikanische oder andere Soldaten befreien – das wäre absurd –, so könnten wir nur Feinde werden. Aber wir bitten um eine breite und dauerhafte Solidarität und um entschiedene Unterstützung. Das ist möglich und auch nötig, es muß sein.

Anmerkung:

1. Dem Brief fügen wir zwei Gedichte an [»Gegen die Eisenstirnigen« und »Laßt mich frei«, s. S. 61 und S. 63]

2. Der Brief ist offen, daraus folgt, daß er veröffentlicht werden kann. Dabei sollte eine redaktionelle Bearbeitung den Sinn unseres Appells nicht entstellen.

N. Achmetow (Signatur)
W. Michalenko (Ohne Signatur)
IX 1979

Unsere Lageradresse: UdSSR, Krasnojarski Krai, Ujarski Raion, st. Gromadskaja, UP-288/16

Unsere Heimatadresse: Schamsutdin Chisametdinowitsch Achmetow, Tscheljabinskaja Oblast, Kunaschakski Raion, st. Kunaschak, km 91

[Übersetzung und Erstveröffentlichung: Wetzlarer Neue Zeitung, 12. Dezember 1979]

[Anrede], ich habe wenig Hoffnung, daß meine vorangegangenen Briefe Sie wirklich erreicht haben. Noch weniger Hoffnung habe ich, irgendwann in Freiheit zu kommen. Ja, und nun kommen Krankheiten, nicht nur als Gäste, sondern sehr ernst zu nehmen als Hausherr: verstopfte Venen an den Beinen, nachts schwellen sie zu unförmigen Balken an und nachts wird es unerträglich heiter – eine schreckliche Krankheit in unserer Lage. Eine Methode der Behandlung ist, die Gliedmaßen abzukürzen, solange es noch etwas abzukürzen gibt. Alles kann passieren während der kommenden 3 Jahre (weniger werde ich auf keinen Fall bekommen). Deshalb schicke ich Ihnen einen Teil meiner Gedichte.

Ich wiederhole jetzt kurz, was ich früher schon geschrieben habe: ich werde zur Verantwortung gezogen nach Artikel 190-1 und bin angeklagt wegen des Versuches, nach Madrid zu schreiben, für eine Erzählung über die Bestialitäten der Miliz, für Gespräche mit Mitgefangenen, wegen des Briefwechsels mit Ihnen und anderes mehr. Ich befinde mich im Untersuchungsgefängnis Krasnojarsk – 4, IZ 19/1. Ich werde schon den zweiten Monat im Strafisolator gehalten, am 27. Dezember bin ich brutal zusammengeschlagen worden. Die Untersuchung führt der Staatsanwalt des Kreises Ujarsk, I. W. Weremejenko. Der Prozeß wird vor dem Krasnojarsker Bezirksgericht stattfinden. Nach den Bedingungen dürfen außer den Personen, die dem Anwaltskollegium angehören und den nahen Anverwandten auch andere Personen dem Prozeß beiwohnen, über deren Zulassung das Gericht auf einer Vorverhandlung entscheidet. Ich wollte Andr. Dm. Sach. [Andrei Sacharow] oder seine Frau, E. G. [Jelena Bonner], benennen, aber ich wußte ihre Adresse nicht. Hier besteht einmal im Monat die Möglichkeit, ein Paket zu bekommen und für 10 Rubel einzukaufen. Ich habe aber kein Geld, und ein Paket kann ich von keiner Seite erwarten. Es steht ganz schlecht mit der Kleidung.

Ich habe nach Hause geschrieben, aber sie werden kaum antworten. Ich habe sie in Schwierigkeiten gebracht – und Entschuldigungen werden nichts helfen. Nitschewo, es läßt sich nicht mehr korrigieren. Die Gedichte sollte man irgendwie zum Nutzen verwenden. Kein besonderes Kapital, aber was kann man machen, ich befinde mich nicht im Elysium.

Alles Gute Ihnen, Nisametdin

23. 1. 1983

Ich habe Angst, Dir zu schreiben, mein Freund Sascha, ich befürchte, daß Du meinen Brief als einen Brief aus dem Irrenhaus lesen wirst (woher denn sonst, wirst Du mit den Schultern zucken). Aber ich habe niemanden, dem ich schreiben könnte, den ich bitten könnte, um das Allerletzte, das Allermenschlichste. Aber noch mehr befürchte ich, daß man auf mich die besonders schweren Präparate anwendet und ich mich im Zustand eines Verrückten befinden werde, sogar in den letzten Tagen. Daher, vernimm den Freund, Sascha.

Die Umstände zwingen mich dazu, Dir so zu schreiben, wie ich an niemanden und niemals geschrieben habe. Dies ist ein Brief und kein Testament, eine notwendige Klärung und keine postume Notiz – das solltest Du im Blick haben! Gerate nicht in Panik!

Mir geht es sehr schlecht, Sascha, niemals habe ich solche Leiden erduldet, niemals war auch meine Lage hoffnungsloser. Ich bin aus der Gesellschaft herausgefallen, aus dem Wirkungskreis ihrer Gesetze, ich bin absolut rechtlos, entpersönlicht, ja sogar entmenschlicht. Kannst Du die Lage verstehen, die eines »sozial gefährlichen Geisteskranken« in unserem Lande – und um so mehr meine: die eines »besonders gefährlichen Staatsverbrechers« und eines »besonders gefährlichen Rückfalltäters«?

Es gibt nur einen Weg, allen diesen Qualen zu entgehen (außer den Gewissensqualen), nur eine Möglichkeit, von hier herauszukommen – das ist, sich selbst zu verraten und von hier wegzugehen, schon nicht mehr als Nisametdin Achmetow. Dieser Weg ist für mich verboten, und das bedeutet aber, sie werden Nisametdin Achmetow bis zum Nichts auf dem Mühlstein der »Staatssicherheit« zerreiben.

Selbstverständlich bin ich nicht krank. Dennoch befinde ich mich in einer Anstalt, die über Mittel verfügt, aus mir einen Kranken zu *machen*. Das ist keine Übertreibung: Die Psychiatrie ist jetzt an die Grenze gekommen, die seinerzeit die Physik erreicht hatte, als sie den Urankern gespalten hat. Gegen mich steht nicht nur dieser eine Mensch mit dem weißen Kittel über der MWD-Uniform – hinter seinem Rücken steht der Staat. Ohne Zweifel, ich werde zerrieben. Entsetzlich – eine unerträgliche Quälerei, diese sogenannte »Behandlung«. »Arzneimittel«, mit denen sie mich füttern und stechen, würde der Satan mit Vergnügen erwerben für seine Hölle, für sie würden die mittelalterlichen Inquisitoren viel gegeben haben: *Solche* Leiden habe ich noch nie gekannt. Und ich fürchte, es nicht auszuhalten, mein Wille ist nicht unbegrenzt. Aber wie soll ich denn danach leben – mich verachten?

Ich weiß, daß man von mir als von einem Menschen spricht, der sein Vaterland verleumdet. Dies ist nicht so, Sascha: Ich liebe meine Heimat, weil ich meine Mutter liebe, mein Haus mein Land mein Volk. Und wenn irgend jemand versucht, mich von meinem Vaterland zu trennen, uns in Gegensatz zu bringen, so ist der gerade mein Henker. Der Henker braucht kein Vaterland, für ihn ist nur nötig, daß sein Gewerbe nicht austrocknet, das bedeutet, man braucht nur die Opfer und die Bezahlung – weiter nichts.

Mein Verhältnis zur gegenwärtigen Staatsmacht und Ideologie in der Heimat ist natürlich nicht freundschaftlich – und das führt zur Fehleinschätzung: Es wird versucht, meinen Konflikt mit der Macht als einen Konflikt mit dem Vaterland darzustellen. Aber die Macht und das Vaterland sind nicht *ein* Begriff, Vaterland bleibt Vaterland bei jeder beliebigen Staatsmacht, ob Monarchie oder Republik, Diktatur oder Demokratie, und der wirkliche Patriot, der echte Staatsbürger wird nicht selten verfolgt und entehrt. Für Rußland ist dies die Norm, die Tradition. Und ich bin überhaupt kein Nationalist (in verschiedener Deutung): Ich bin mehr Russe, als viele Russen es sind, ich bin aufgewachsen auf russischem Boden und mit russischer Kultur, ich denke auf russisch, aber national denke ich in einer anderen Sprache: ich bin für echte und *freiheitliche* Gleichberechtigung aller Nationen und Völker, ich bin gegen den Chauvinismus und dagegen, daß man andere Länder an die Wagen der Großmächte anbindet.

Wenn ich in irgendeiner Hinsicht vor dem Vaterland schuldig bin, dann will ich vom Vaterland selbst nach höchstem Maß verurteilt werden (und von meinem eigenen Gewissen, Sascha). Wer aber ist mein Richter jetzt? Was für eine große patriotische Tat wird vollbracht, indem sie mich, seitdem ich 18 war, im Gefängnis halten und peinigen, peinigen, jede Stunde! Dann treffen sie sich mit meinem Vater und meiner Mutter und mit den Geschwistern und ziehen vor ihnen den Sohn und den Bruder in den Dreck und schüchtern sie ein – so erfüllen sie ihre »Pflicht«, ihre »patriotische Pflicht«, versteht sich. Schade, ich werde die Zeit nicht erleben, daß mich das Vaterland selbst richtet. Ich habe es immer vermieden, zu fluchen, aber ich habe dem Vaterland nichts weiter zu sagen, als zu wiederholen: Laß mich so, wie ich bin, bis zum Ende bleiben.

Mit mir kann das Letzte passieren, was einem Menschen zustoßen kann. In jedem Fall, ob ich sterbe oder ob man mich um den Verstand bringt – das wird das Ende sein. Das Ende eines Menschen. Selbst wenn das nicht so passiert, wie bei Menschen, nicht auf menschliche Weise, wird es doch *mit* einem Menschen passieren – das wollte ich unterstreichen. Und ich möchte, daß man von mir spricht, daß man mich in Erinnerung hat, als Menschen.

Nisametdin, 31. 3. 1984

[Anrede], in der Nacht vom 6. auf den 7. März wurde ich ohne irgendeinen Grund oder Anlaß von 5 betrunkenen Sanitätern zusammengeschlagen. Mein linkes Auge ist verunstaltet, die rechte Augenbraue ist gespalten, Kopfverletzungen und Traumata der Brust und der Leber. Es kann sein, daß ich das überlebe – ich sollte es überleben –, aber ich habe dabei nicht wieder gutzumachende Schäden an meiner Gesundheit erlitten. Außer mir wurden noch einige Schwerstkranke verprügelt.

Die Hauptsache ist, diese Lumpen kannten meine Krankengeschichte, d. h. sie waren mit dem Arztgeheimnis vertraut. Im Krankensaal haben sie angefangen, mich zu schlagen, dann haben sie mich in Unterwäsche in den Waschraum gezerrt; sie haben mich auf dem Korridor geschlagen und in der Toilette. Sie verlangten von mir »zwei Stück« Valuta, ich habe aber nur 70 Rubel geschickt bekommen, sowj. Rubel. Ich war ganz bestürzt, woher ich ausländische Valuta haben sollte? Zum gegenwärtigen Zeitpunkt bin ich bettelarm, lebe auf Kosten meiner Schwester und der Mutter, bisweilen kommt der Bruder. Sie haben sich mit mir nicht weniger als 2½ Stunden befaßt. Ich bin jetzt kaum noch in der Lage zu gehen, ob es wieder wird, weiß ich nicht. Alle [die Sanitäter, Anm. d. Übers.] wurden von der Arbeit gefeuert – es galt als strafrechtliche Sache, aber keiner von ihnen wurde verhaftet. Helft mir, vielleicht gelingt es, mich nach Moskau zu überweisen – aber noch solch ein Exzeß und ich kann mich für mein Leben nicht mehr verbürgen. Viele Grüße an W. L. Gerschuni.

Nisametdin, 13. III. 87.

Eduard Kusnezow
Achmetow

So millionenköpfig der Drache Gorynytsch auch sein mag, und mit welchem Feueratem er auch immer straft – den einen zu Asche verbrennt, den anderen in Angst und Schrecken jagt – und mit seinen schwefel-stinkenden, betäubenden Tiraden eindringt in jedes Eckchen seines Riesenreiches, gibt es doch immer wieder – wenn nicht hier, so dort – Aufsässige. Von Siegeszuversicht kann nicht die Rede sein; nicht sie treibt sie in den Protest, sondern die Verzweiflung, die Unmöglichkeit, auch weiterhin ergeben im Reiche des üblen Gestanks zu existieren. Nicht zufällig ist die Feindseligkeit jenes Reiches gegenüber dem Wesen des Menschen, nicht zufällig überschreitet es darin alle denkbaren Maßstäbe, und daher widersetzt sich das Eigentliche des Menschen, das verborgene Innere seinem Geist, nimmt ihn nicht an oder versucht, ihn wieder auszuspeien, wie eine brechreizerregende Masse. Selbst die Hauptprahlerei des Drachen Gorynytsch stürzt in sich zusammen: der menschlichen Seele habhaft zu werden, den ›neuen sowjetischen Menschen‹ zu erschaffen. Viele hat er verstümmelt, eine noch größere Zahl hat er eingeschüchtert – und doch hat er es nicht geschafft.

Da ist Achmetow ... Sein Leben ist fast wie absichtlich so abgelaufen, wie um ihn zu brechen und zu erniedrigen: die häßliche Lebensweise einer halbverelendeten Kindheit, nicht ein einziges Buch im Haus (Vater und Mutter können nur mit Mühe und Not buchstabierend lesen), mit Hinterhof-Freunden (woher denn aber andere nehmen?) – für alles genügen ein paar hundert simple Worte, die Hälfte davon Mutter-Flüche ... Er aber ist so, als wäre er in einem Exklusiv-Internat für die Abkömmlinge von Familien mit besonders blauem Blut erzogen. Jeglicher Schmutz fällt von ihm ab, er besudelt ihn nicht.

Das war mein erster Eindruck im Jahr '71: ein edler, reiner Jüngling, beim geringsten Anlaß übergoß Röte der Schüchternheit die gebräunten Wangen. »Mich rettet die Poesie« sagt er ernst, mit solch einem rührenden Ernst, daß man nicht weiß, ob man lachen oder weinen soll (ein solch unerschütterlicher Glaube an die Kraft des dichterischen Wortes erscheint dahinter, solch eine seelische Schutzlosigkeit...). »Die Poesie, das ist...« beginnt er und unterbricht sich wieder, wohl sich meiner spöttischen Abneigung gegenüber dem »hohen Stil« erinnernd. Er stockt mit einem Lächeln, wovon sein verschlossenes und auch etwas düsteres Gesicht kindhaft gut wird. »Im übrigen«, als wolle er sich rechtfertigen, »über Poesie zu reden, ist hier nicht ganz angebracht« und streift mit dem Blick den Spazierhof: 6 m in der Länge, 5 m in der Breite, vor der Bretterlatrine eine Schlange, und über unseren Köpfen auf der Brücke geht der Aufseher auf und ab, ein vierschrötiger mürrischer Bursche in zerknitterter Uniform.

Und so laufen wir die uns von der Obrigkeit zugestandene Freistunde ab: ich irgendwie kreuz und quer herumschlendernd, Achmetow strikt auf einer Linie.

Das Lager verführt einen zur Nachlässigkeit. Kopf und Herz sind mit anderem beschäftigt; und gar nicht davon zu reden, daß es niemanden gibt, für den sich die Scherereien lohnten, sich zurechtzumachen: einen Knopf dort aufzutreiben ist ein Unterfangen von epischer Breite und eine Schere – nur für eine Minute – bei dem Aufseher zu erbitten, bedeutet, einen halben Tag totzuschlagen... Und daher sind die Tuchjacken verfleckt und zerrissen, die Mützen wie durchgekaut und versengt, die Schuhe ohne Schnürsenkel... Aber Achmetow (obwohl er eine gewöhnliche gestreifte Zuchthausjacke anhat, vielleicht ein bißchen ordentlicher, als bei den anderen) erscheint wie in einem Batisthemd mit feinem Spitzenjabot, das auf besondere Weise die Feinheit seines Gesichts unterstreicht.

In den vielen Jahren des Auf-der-Stelle-Tretens sah ich ihn aus allen möglichen Perspektiven – so bei der Zwangsarbeit, mit einem Kanten klebrigen Brots in der Hand, im hungrig-kalten Karzer, aus dem man herauskommt, und sich an der Wand festhalten muß, um nicht umzufallen, und statt des Gesichts eine dreieckige fletschende Maske... Am stärksten ist er mir im Gedächtnis geblieben über einem Buch, und sogar weniger lesend, als darüber in Gedanken versunken. Er ist ein Büchernarr. Er ist jedoch kein rastlos-süchtiger Verehrer philosophischer Systeme, der versuchte, die Unzulänglichkeit der Welt in das starre Gerüst eines all-umfassenden Systems zu pressen – sein Interesse ist anders: sich zu dem ursprünglichen Sinn des Lebens vorzutasten und aus dem Chaos des Seins eine gewisse Harmonie, einen Rhythmus, einen Klang zu extrahieren.

Ein großer Mensch im Lager – das ist ein Thema von besonderer Tragik. Schon das normale Leben verwöhnt den Edlen nicht gerade mit Liebkosungen – und das Lager um so weniger. Dort ist das Sprichwort vom wölfischen Leben, das einen zwingt, »mit den Wölfen zu heulen«, schon allzu abgegriffen, dort hörst du auf den vorwurfsvollen Aufschrei: »und wo ist dein Gewissen?« prahlerisch herausfordernd: »dort, wo das Gewissen war, ist mir der Schwanz gewachsen!«

Was ist das, solch ein Lager?

Das Lager ist alles mögliche.

Das ist Morast, schwankender Sumpf, ohne Ende, ohne Grenze, und unter jedem zweiten Erdhäufchen zischt eine Schlange.

Das ist die Wüste, wo Schakale sind, Giftwinde und verhängnisvolle Fata Morganas. Das ist eine Stadt mit ihren Slums und Ratten auf den Müllhaufen, und ihren stinkenden Torbögen, wo sich unheildrohende Silhouetten verstecken.

Das Lager, das ist ein nackter Mensch und über ihm immer der mürrische, kältestarre Himmel des ewigen Nordens. Es ist aber auch ein Lichtstrahl von durchdringender Reinheit, der manchmal unvermittelt hervorbricht für den, der edel ist und nach dem Höheren strebt.

Für mich ist am ehesten annehmbar, was Schalamow gesagt hat: »Das Lager war der große Prüfstand der sittlichen Kräfte des Menschen, der gewöhnlichen menschlichen Moral, und 99 % der Menschen haben diese Prüfung nicht bestanden.« Achmetow ist einer von diesem winzigen einen Prozent.

Alexandre Blokh
Nachwort

Wenn eines Tages überall in der Welt, wie die Sonne an einem wolkenlosen Himmel, die Freiheit herrschen wird, so unumstößlich, so selbstverständlich und strahlend, daß allein in einer mühsamen Anstrengung die Menschheit sich an den Alptraum erinnern wird, den sie durchlebt hat, dann werden die Menschen jener leuchtenden Zukunft das Andenken an jene bewahren müssen, deren Opfer diesen Sieg möglich gemacht haben. In der allerersten Reihe dieses heiligen Bataillons steht streng und naiv, scheu und stolz, schweigsam und elegant ein Dichter: Nisametdin Achmetow. Seit zwei Jahrzehnten kämpft er ohne Hoffnung in den Kerkern und Lagern, in den Zellen, die man taumelnd, verhungert, erfroren, sich an die Wand stützend, mit dem Todeskrampf auf dem Gesicht, verläßt. Er, der seit fünf Jahren in den psychiatrischen Anstalten des KGBs interniert ist, deren Schrecken bekannt sind, setzt seinen Kampf fort. Denn er gehört der Elite an, die sich nicht beugen kann, der Elite, die im Entsetzen und im Leiden der Gefängnisanstalten die Zukunft der Menschheit vorbereitet.

Ich wußte nichts von ihm. Ich bin ihm beinahe zufällig begegnet. An einem Abend in den Räumen von *Pen International* in der King Street. Kathleen von Simson, das Herz und die Seele unseres Komitees für inhaftierte Schriftsteller, das Michael Scammell leitet, übergibt mir eine Unterlagenmappe und bittet mich, die russischen Gedichte, die sie enthält, zu lesen. Wozu diesen gefangenen Baschkiren lesen? Es gibt so viele Dichter und so viele Leidende! Einen müden, verbitterten Blick werfe ich auf diese Verse. Und es geschah jenes seltsame Ereignis, das allen bekannt ist, die Poesie lieben, und die wissen, wie selten das ist: die verscheuchte Müdigkeit, der sich verflüchtigende Stumpfsinn, das Entstehen einer neuen Welt, die erschaudern und das Herz höher schlagen läßt. Und fast wollte ich vor Freude oder Siegesstimmung schreien: »Ein Dichter! Ein wahrer Dichter!« Es gibt nichts Selteneres! Nichts Kostbareres! Ich habe gedacht, daß durch ein schreckliches Paradox und durch die Magie der Poesie dieser Freund, den ich soeben entdeckt hatte, mir aus der Tiefe seines Schmerzes und seines Gefängnisses, mir, der ich so reich an Privilegien und an Freiheit bin, die Lebens- und die Kampfeslust wiedergab.

Ich habe alles über diesen Dichter erfahren wollen, den ich mich zu übersetzen bemühte, der wie ein Stern an meinem persönlichen Firmament aufgegangen war. Wenig habe ich über ihn erfahren. Achmetow ist in Kunaschak geboren, im Tscheljabinsk Bezirk, der Heimat der Baschkiren, Moslems mongolischen Ursprungs, die Iwan der Schreckliche dem russischen Joch zwar unterwarf, die jedoch nie ihren Unabhängigkeitsgeist aufgaben. Seine Eltern gehörten in dem durch den Krieg verarmten Land zu den Ärmsten. Nisametdin hat die entwürdigende Misere der Hinterhöfe kennengelernt, wo Sprache sich auf grobe Flüche beschränkt. Sein Vater, der vor kurzem Selbstmord begangen hat, konnte nur Silbe für Silbe, Buchstabe für Buchstabe lesen. Seine Mutter war nicht viel gebildeter. Allein das Wunder der Seelen und das Wunder der Poesie können erklären, wie eine solche Erziehung, ein solch rohes Milieu die reiche, gelehrte Sprache und die reine Syntax des Dichters hervorbringen konnten. Für den Adel der Seele und des Denkens bedurfte es eines weiteren Wunders.

Denn seit seinem achtzehnten Lebensjahr hat Achmetow nicht nur die Grausamkeit, sondern auch die Schändlichkeit der Menschen und des Regimes, unter dem er leben muß, erfahren. Weil er von einer doch so legitimen, wenn auch rein romantischen Sehnsucht getrieben an Jugendbewegungen nationalistischer Tendenz teilnimmt, wird er nicht nur ins Gefängnis geworfen, sondern die Polizei und ihre juristischen Komplizen bemühen sich, ihn, durch die Beschuldigung, Staatseigentum gestohlen zu haben, auch noch zu entehren. Zwei Jahre und weitere zwei Jahre, als er sich weigert, seinen Idealen abzuschwören. Er wird in das Gefängnis von Taschkent gesperrt. Dort schreibt er Texte, um gegen seine Haftbedingungen zu protestieren und um die sowjetische Justiz zu kritisieren. Nun wird er der antisowjetischen Agitation und Propaganda bezichtigt, zu sieben Jahren Zwangsarbeit verurteilt, denen fünf Jahre Verbannung folgen, und dank seiner Pamphlete, die nie die Gefängnismauern verlassen haben, zum »besonders gefährlichen Wiederholungstäter« erklärt. Deswegen wird er ins Lager 10 in der Mordwinischen ASSR verlegt, wo er Eduard Kusnezow kennenlernt. Am 10. Dezember 1972 findet der »Internationale Tag der Menschenrechte« statt. Achmetow beschließt, den Tag mit Parolen, Texten und Lesungen zu feiern. Man ergreift ihn und beschlagnahmt seine Gedichte. Alles würde ihm verziehen werden, wenn er nur bereit wäre, seine Komplizen zu denunzieren und seinen Peinigern zu helfen. Er weigert sich. Und wird zu fünf weiteren Jahren Zwangsarbeit mit gewöhnlichen Verbrechern in Wladimir verurteilt. Von hier aus gelingt es ihm sechs Jahre später, dem Westen einen Aufruf zukommen zu lassen, den er in einem Holzblock versteckte: »Menschen, wir brauchen eure Hilfe«. [Dieser »offene Brief« findet sich im vorliegenden Band auf Seite 101 ff.] Amnesty international hat diesen Text veröffentlicht, der – das soll betont werden – jegliche Gewalt verurteilt. Als er seine Strafe beinahe abgebüßt hat, findet 1982 die Madrider Konferenz zum Helsinki-Abkommen und zur Meinungs- und Bewegungsfreiheit der Menschen statt. Achmetow schreibt an sie und bittet um Hilfe. Das wird als ein Angriff auf die Staatssicherheit hingestellt. Er wird so grausam geschlagen, daß er eine Zeitlang die Amputierung beider Beine befürchtet. Schließlich wird er in einer psychiatrischen Anstalt interniert, deren Schrecken ein jüngster, erschütternder Text bezeugt: »Selbstverständlich bin ich nicht krank. Dennoch befinde ich mich in einer Anstalt, die über Mittel verfügt, aus mir einen Kranken zu *machen.* [...] *Solche* Leiden habe ich noch nie gekannt. Und ich fürchte, es nicht auszuhalten, mein Wille ist nicht unbegrenzt. Aber wie soll ich denn danach leben – mich verachten?« [Der vollständige Text dieses Briefes ist auf Seite 107 ff. abgedruckt.]

Über seine Dichtung kann man nicht sprechen. Man muß sie lesen. Man muß sich die Hölle vergegenwärtigen, der diese reinen Worte abgerungen sind. Man muß sich die entsetzliche Einsamkeit des Dichters vergegenwärtigen, den seine von der Polizei terrorisierten Eltern haben verleugnen müssen, der weder Besuch, noch Briefe, noch Pakete – kein einziges Zeichen – empfängt, der nicht weiß, daß er der Preisträger des »Rotterdam International Poetry Award« ist; daß Minister und Regierungschefs zu seinen Gunsten interveniert haben; daß die anspruchsvollsten Kritiker ihn als eine Hoffnung der russischen Poesie ansehen. Als eine der wenigen! ... Man muß auch das alles vergessen. Oder hinter seinem Schmerz das verschwommene und engelhafte Gesicht der Dichtung wiederfinden. Sie spricht, alles wird still; die Gefängnisse sind weit weg. Das Wunder findet noch einmal statt. So lange die russische Dichtung leben wird, so lange wird auch Achmetow leben.

Lew Kopelew

Im Willen zur Wahrheit

Analysen und Einsprüche

Mit einem Vorwort von Gerd Ruge

Fischer Taschenbuch Band 4328

»Jeder Mensch ist einzigartig und einmalig ... und die Erkenntnis seiner Einzigartigkeit als des wichtigsten Merkmals der Gattung Mensch ist einer der sichersten Maßstäbe für den wahren Fortschritt.« (aus dem Nachwort Lew Kopelews) Aus dieser Überzeugung spricht der Grundsatz der Humanität, der tiefen Würdigung des Individuums, dem sich Lew Kopelew in seinen theoretischen und literarischen Werken verpflichtet hat. Die Verteidigung der Rechte des einzelnen führt aber nicht zum isolierenden Individualismus. In diesem Band geht es ebenso um die kollektive Persönlichkeit eines Volkes, einer Ideengemeinschaft oder Nation: um die Aufdeckung und Rückverfolgung der historischen und gegenwärtigen Bestimmung des Menschen, seiner sozialen und nationalen Wirklichkeit. Kopelew hat aus Texten der vergangenen 10 Jahre diese Auswahl zusammengestellt – Zeitungsbeiträge, Briefe, Vorträge sowie Essays, die hier erstmals in deutscher Sprache erscheinen.

fi 731/1